초등학생이 꼭 읽어야 할

WOW
5000년
세계여성
위인전
1

초등학생이 꼭 읽어야 할
WOW 5000년 세계여성위인전 ①
2022년 12월 12일 초판 1쇄 인쇄 | 2022년 12월 16일 초판 1쇄 발행

지은이 신현배 | **그린이** 백금림 | **펴낸이** 장진혁 | **펴낸곳** 형설출판사(형설아이)
주소 경기도 파주시 회동길 37-23 | **전화** (031) 955-2371, (031) 955-2361
팩스 (031) 955-2341 | **등록** 504-25-89441 | **홈페이지** www.hipub.co.kr
공급 형설출판사

ISBN 978-89-472-8631-2 74800
ISBN 978-89-472-8547-6 (세트)

ⓒ 신현배, 형설출판사(형설아이) All Rights Reserved.

※ 잘못된 책은 구입하신 곳에서 바꾸어 드립니다.
※ 본 자료의 저작권은 저작권자와 출판사에 있으며, 사전 승인 없이
　문서의 전체 또는 일부만를 발췌/인용하여 사용하거나 배포할 수 없습니다.

초등학생이 꼭 읽어야 할

WoW 와우

5000년 세계여성 위인전 1

글 신현배 | 그림 백금림

Children's books

머리말

5000년 세계 역사를 돌아보면 많은 사건들이 있었고, 그 사건의 현장에는 중요한 인물들이 있음을 알 수 있습니다. 이들은 역사에 큰 발자취를 남겼으며, 오늘날에는 위인이라 불리고 있습니다.

그런데 세계 위인전을 보면 대부분 남성 위인이고 여성 위인은 몇 사람 되지 않습니다. 그것은 왜 그럴까요? 역사의 사건 현장에는 틀림없이 여성들이 있었고, 남성 못지않게 역사에 큰 발자취를 남긴 여성도 적지 않은데 말입니다.

그 이유는 5000년 세계 역사가 남성 중심으로 이어져 왔으며, 여자라는 이유만으로 억압과 차별 대우를 하고, 정당한 평가를 하지 않았기 때문입니다. 그러다 보니 역사의 주인공은 대부분 남성 위인이 될 수밖에 없었고, 여성 위인은 역사 속에 묻혀 있어야 했습니다.

그러나 세계 역사에는 영웅, 임금, 정치가, 문학가, 과학자, 사회사업가, 예술가, 학자, 인권운동가, 교육자, 사업가, 간호사, 비행사, 종교인, 의상 디자이너 등 다양한 분야에 걸쳐 많은 여성 위인들이 있습니다. 이들은 남성이 지배하는 사회에서 남성과 당당하게 맞서, 불굴의 노력으로 자기 분야에서 자신의 꿈을 이루었기에 더욱 훌륭합니다.

'사람은 역사를 만들고, 역사는 인물을 만든다.'라는 말이 있듯이, 위인은 자기 분야에서 역사를 만든 사람입니다. 자신이 정말로 좋아하는 일을 찾아, 피땀 어린 노력과 불굴의 의지로 남다른 업적을 남긴 것이지요.

이들에게는 배울 점이 참 많습니다. 이들은 자기 자신보다는 나라를 먼저 생각했으며, 어떤 어려움이 있더라도 좌절하지 않고 그것을 이겨 냈습니다. 또한 불의와 타협하지 않고 언제나 정의의 편에 섰으며, 자신의 재주를 갈고 닦는 데 게을리하지 않았습니다. 어린이 여러분도 이런 위인들을 본받아 자신의 꿈을 이루어 나갔으면 합니다.

〈초등학생이 꼭 읽어야 할 5000년 세계 여성 위인전〉은 5000년 세계 역사에 길이 남을 여성 위인 30명을 가려 뽑아, 그 생애와 업적을 분야별로 나누어 소개한 책입니다.

제1권에서는 예술가, 학자, 인권운동가, 교육자, 사업가, 간호사, 비행사, 종교인, 의상 디자이너를 제2권에서는 영웅, 임금, 정치가, 문학가, 과학자, 사회사업가를 다루었습니다.

아무쪼록 이 책을 통해 역사에 대한 흥미와 관심을 갖고, 남성과 여성이 함께 이끌어 가는 새로운 역사의 주인공이 되시기 바랍니다.

엮은이 신현배

차 례

●●● 예술가 편

클라라 슈만 | 독일이 낳은 세계적인 피아니스트 8
카미유 클로델 | 불운한 천재 조각가 26
쉬잔 발라동 | 모델 출신의 천재 여성 화가 42
이사도라 덩컨 | 현대 무용의 어머니 54
마리안 앤더슨 | 인종 차별을 뛰어넘은 20세기 최고의 성악가 72

●●● 학자 편

소피아 코발레프스카야 | 19세기의 위대한 수학자 94
마거릿 미드 | 인류학의 어머니 114

●●● 인권 운동가 편

엘리너 루스벨트 | '세계 인권 선언'을 만든 세계의 퍼스트레이디 130
리고베르타 멘추 | 노벨평화상을 받은 과테말라의 원주민 인권 운동가 150

••• 교육자 편

마리아 몬테소리 | '몬테소리 교육법'을 만든 교육자   168

••• 사업가 편

메리 케이 애시 | 20세기 가장 뛰어난 여성 사업가   182

••• 간호사 편

나이팅게일 | 백의의 천사   196

••• 비행사 편

아멜리아 에어하트 | 여성 최초로 대서양 횡단 비행에 성공한 비행사   210

••• 종교인 편

마더 테레사 | 가난하고 병든 사람들의 어머니   228

••• 의상 디자이너 편

코코 샤넬 | 20세기 최고의 의상 디자이너   244

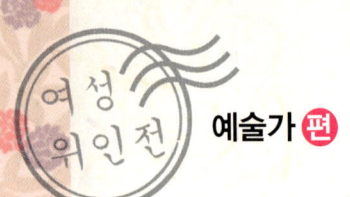 예술가 편

독일이 낳은 세계적인 피아니스트

클라라 슈만

1819~1896, 피아노 선생님으로 유명한 아버지에게 다섯 살 때부터 음악 수업을 받았다. 아홉 살 때 라이프치히의 게반트하우스에서 처음으로 피아노 연주를 하고, 열한 살 때 독일 순회 연주회를 성공리에 마쳤다. 그리고 유럽 순회 공연을 통해 전 유럽에 음악의 신동으로 이름을 날렸다. 1840년, 음악가 로베르트 슈만과 결혼한 후 다시 연주 활동을 시작했으며, 1856년에 남편 로베르트가 죽은 후, 34년 동안 세계 여러 나라를 다니며 그의 곡을 연주했다. 1890년, 72세로 고별 연주회를 할 때까지 1,300여 회의 연주회를 가졌다. 작곡까지 겸하여 관현악곡·실내악곡·가곡 등 여러 곡을 작곡했다.

프리드리히 비크는 독일의 라이프치히에서 가장 유명한 피아노 선생님이었습니다. 신학을 전공한 그는 혼자 음악을 공부했는데, 피아노를 가르치는 일에는 탁월한 능력이 있었습니다. 그래서 그에게 피아노를 배우려고 먼 고장에서까지 학생들이 몰려왔습니다.

1819년 9월 13일, 프리드리히는 맏딸이 태어나자 기쁨을 감추지 못했습니다.

"오, 이 아이가 내 딸이란 말이지? 고 녀석, 손 좀 봐. 피아노를 아주 잘 치게 생겼는걸."

프리드리히는 아기를 품에 안고 함박웃음을 지었습니다.

"가만있자, 이 녀석 이름을 뭐라고 지을까? 피아니스트로서 빛나는 인생을 살라고 '클라라' 라고 지어야겠다."

클라라는 독일말로 '눈부시게 빛나다' 라는 뜻이었습니다.

프리드리히의 아내, 마리안네는 결혼 전에는 프리드리히의 제자였으며 피아니스트로 활동하고 있었습니다.

"나는 이 아이를 반드시 세계적인 피아니스트로 만들 거야. 내가 가르치면 클라라는 틀림없이 그렇게 될 수 있어. 두고 봐."

프리드리히의 말에 마리안네는 근심스러운 표정을 지었습니다.

"피아니스트로 성공하려면 어려서부터 엄청난 수련을 거쳐야 하는데, 클라라가 그것을 견뎌 낼 수 있을까요?"

"무슨 소리야? 음악가의 길을 걸으려면 그 정도 고생은 당연한 것 아니야? 우리 집안은 음악가 집안이야. 그러니 클라라는 대를 이어 음악가가 되어야 해."

마리안네는 프리드리히에게 음악을 배웠기 때문에 그가 얼마나 혹독하게 연습을 시키는지 잘 알고 있었습니다. 엄격하다 못해 무서울 정도였습니다.

'클라라가 불쌍하구나. 피아노를 배우게 되면 잠시도 쉴 틈이 없을 텐데……'

마리안네는 프리드리히와 스승과 제자로 만나 결혼했지만 성격이 맞지 않았습니다. 그는 남편의 권위적이고 강압적인 성격이 정말 싫었습니다.

마리안네는 결혼 생활 7년 동안 모두 5남매를 낳았습니다. 그렇지만 막내 아들 빅토르를 낳은 직후, 더 이상 그 생활을 견디지 못하고 남편 곁을 떠나고 말았습니다. 아이들은 프리드리히가 맡았습니다. 당시에는 부모가 이혼하면 어머니에게는 자식을 맡아 기를 권리가 없었기 때문입니다.

클라라가 다섯 살이 되자 아버지는 클라라에게 음악 수업을 시켰습니다.
"클라라, 내가 일과표를 짜 놓았다. 이제부터는 거기에 맞춰 하루를 보내야 한다."
아버지가 짜 놓은 일과표란, 아버지에게 두 시간 동안 피아노와 음악 이론 수업을 받고, 나머지 시간 동안은 죽어라 피아노 연습만 하는 것이었습니다. 그렇게 해서 하루 해가 저물면 체력 단련을 위해 아버지와 함께 산책을 해야 했습니다. 오로지 음악 수업을 위해 계산된 날들이었습니다.
클라라는 아버지에게 열심히 음악 수업을 받았습니다. 그녀는 음악에 대한 재능이 뛰어나 무슨 곡이든 한번 들으면 그 자리에서 피아노를 연주할 수 있었습니다.
'으음, 클라라는 음악에 천재적인 재능이 있군.'
아버지는 딸의 재능에 놀랐지만 칭찬하는 말은 절대로 하지 않았습니다. 오히려 심하게 야단치고 꾸짖기 일쑤였습니다.
클라라는 아홉 살 때 일기장에 이렇게 썼습니다.

아버지는 오늘 또 나에게 야단을 치셨다.

"너는 왜 그 모양이니? 게을러빠지고 고집불통이야. 피아노 수업을 받을 때나 연습을 할 때나 똑같아."

아버지는 내가 피아노 악보를 제대로 보지 않고 형편없이 연주했다고, 내가 보는 앞에서 악보를 박박 찢으셨다…….

아버지는 클라라뿐 아니라 클라라의 남동생인 알빈에게도 엄하게 음악 수업을 시켰습니다. 연주가 마음에 들지 않으면 그 자리에서 손찌검까지 했습니다.

뒷날 클라라와 결혼하는 세계적인 음악가 로베르트 슈만은 젊은 시절 프리드리히에게 피아노를 배웠습니다. 그는 클라라의 집에서 지내며 자신이 보고 겪은 일을 이렇게 회상했습니다.

클라라의 남동생 알빈은 그 당시 프리드리히에게 바이올린을 배웠다.

어느 날, 알빈은 프리드리히가 지켜보는 가운데 바이올린 연주를 시작했다. 그런데 알빈이 실수를 하자 프리드리히는 얼굴이 붉으락푸르락해졌다.

"그따위로 연주하려면 집어치워!"

프리드리히는 소리를 꽥 지르더니 바이올린을 빼앗았다. 그리고

는 알빈을 바닥에 쓰러뜨려 머리칼을 움켜쥐었다.

"못난 녀석! 열심히 가르쳐 준 아비의 은혜를 이따위로 보답해? 얼마나 연습을 게을리했으면 연주가 그 모양이야?"

알빈은 울면서 프리드리히의 발에 매달렸다.

"아버지, 죄송해요. 이제부터는 열심히 연습할게요. 한 번만 용서해 주세요. 노여움을 푸시고 바이올린을 주세요."

나는 이 광경을 보고 충격을 받았다. 아무리 음악 교습을 한다지만 아버지가 아들을 이처럼 가혹하게 대해서야 되겠는가?

더더욱 놀란 것은, 이 광경을 보고도 클라라는 아버지를 말릴 생각조차 하지 않았다는 사실이다. 소문난 음악가 집안이라고 해도 나는 이들의 행동을 이해할 수 없었다.

클라라는 어려서부터 아버지의 교육 방법에 익숙해져 있었습니다. 아버지가 뭐라고 하든 고분고분하게 대했습니다. 클라라가 전 유럽에 음악의 신동으로 이름을 날리며 세계적인 피아니스트가 될 수 있었던 것도 그러한 아버지의 혹독한 훈련 덕분이었습니다.

1873년, 아버지가 세상을 떠난 뒤 클라라는 일기장에 이렇게 썼습니다.

나는 아버지를 진정으로 사랑했다. 의견이 달라 서로 맞서기도 했지만, 아버지를 사랑하는 마음은 변함이 없었다. 남들이 아버지를 뭐라고 하든 나는 평생 아버지에게 감사하며 살았다. 이렇게 감사하는 마음은 아버지를 더욱 사랑하게 만들었다.

아버지는 나에게 얼마나 헌신적이었는가. 나를 위해 기꺼이 자신의 모든 것을 바쳤으며, 나에게 좋은 영향을 끼치셨다.

아버지는 나에게 위대한 분이며, 어린 시절에는 나의 전부였다.

클라라는 아홉 살 때 라이프치히의 게반트하우스에서 처음으로 피아노 연주를 했습니다. 게반트하우스 관현악단과 모차르트의 피아노 협주곡을 연주했는데, 라이프치히 사람들은 그 연주회를 보고 모두 깜짝 놀랐습니다.

"훌륭한 연주 솜씨야. 아홉 살짜리라는 것이 믿어지지 않는군."
"우리 고장에 음악의 신동이 나타났어."

사람들은 아홉 살 소녀의 깜찍한 연주에 장내가 떠나가라 박수를 쳤습니다.

이렇게 데뷔 무대를 화려하게 장식한 클라라는 열한 살에 독일 순회 연주회를 성공리에 마쳤습니다. 그러고는 1830년부터 1839년까지 비엔나, 프라하, 부다페스트, 파리 등지를 누비며 연주회를 가졌습니다. 가는 곳마다 대성공이었습니다.

클라라는 유럽 순회 공연으로 가장 인기 있는 피아니스트가 되었습니다.

오스트리아 왕은 그에게 '최고의 거장'이라는 찬사를 보냈으며, 비엔나에 있는 음악 단체 '악우 협회'의 회원으로 뽑혔습니다.

유럽 연주 여행으로 클라라의 아버지는 엄청난 돈을 벌었습니다. 그는 피아노 교습과 겸하여 피아노 공장을 운영하고 있었습니다. 연주회마다 피아노 견본을 선보여 피아노도 덩달아 잘 팔렸습니다. 공연 수입과 더불어 피아노 판매 수입까지 챙겨, 그는 곧 막대한 부를 거머쥐게 되었습니다.

로베르트 슈만이 프리드리히의 제자가 된 것은 1830년 10월이었습니다. 그는 라이프치히 대학에서 법학을 공부했는데, 법학보다는 음악에 관심이 많았습니다. 그래서 결국 법학을 포기하고 프리드리히의 집에 와서 피아노를 배우기로 한 것입니다.

로베르트는 피아니스트의 꿈을 가지고 있었습니다. 그래서 프리드리히가 고된 연습을 시켜도 군말 없이 피아노 연주에 열중했습니다

그러던 어느 날이었습니다. 자기 방에서 피아노를 치던 로베르

트는 갑자기 비명을 지르며 손가락을 움켜쥐었습니다.

"아! 손가락이……."

피아노 연습을 너무 무리하게 해 오른쪽 손가락 하나를 다친 것입니다.

그때 클라라가 달려와서 물었습니다.

"왜 그래요? 어디 아프세요?"

"응, 너무 연습을 많이 해서 손가락이 삐었나 봐."

클라라가 약을 가져와 로베르트의 손가락에 발라 주었습니다. 그러나 로베르트의 손가락은 낫지 않았습니다.

로베르트는 병원에 가서 의사에게 손가락을 보였습니다. 의사는 손가락을 검사하더니 이렇게 말했습니다.

"계속 피아노를 치니까 손가락이 낫지 않는 거예요, 무리하면 손가락이 마비될 수도 있습니다."

로베르트는 크게 실망했습니다.

'아, 이제는 피아노를 칠 수 없게 되었구나. 피아니스트의 꿈을 버려야 하다니…….'

클라라는 로베르트의 처지를 알고 위로의 말을 했습니다.

"너무 실망하지 마세요. 피아노 연주를 못하면 작곡을 하세요. 당신은 작곡을 아주 잘하시잖아요. 저를 위해 좋은 곡을 많이 써 주세요."

그 후 로베르트는 클라라의 충고를 받아들여 작곡에 힘을 쏟았습니다. 〈교향 연습곡〉을 비롯하여 〈사육제〉, 〈클라이슬레리아나〉, 〈어린이의 정경〉 등 주옥같은 피아노곡을 만들었습니다. 대부분 피아니스트 클라라의 연주를 위해 작곡한 곡들이었습니다.

로베르트는 평론 활동도 활발하게 했습니다. 1834년 창간된 잡지 〈음악 신보〉에 음악에 관한 평론을 열심히 써서 발표했습니다. 그는 브람스 등 능력 있는 음악가들을 찾아내어 그 작품 세계를 널리 소개했습니다.

로베르트는 피아노곡 〈나비〉를 작곡하여 클라라에게 연주를 맡긴 적이 있었습니다. 그 연주는 그에게 감동적으로 느껴졌습니다. 그는 베르비유라는 피아니스트와 클라라의 연주를 비교한 평론을 잡지에 발표했습니다.

> 베르비유의 피아노 연주가 기교적이라면, 클라라의 피아노 연주는 정서적이다. 베르비유의 음이 듣는 사람의 귀에까지만 들린다면, 클라라의 음은 듣는 사람의 가슴속까지 스며든다. 클라라는 피아노의 시인이다. 그의 음악은 그 자체가 시이다.

로베르트와 클라라는 조금씩 기끼워졌습니다. 그러더니 1836년 2월에는 로베르트가 클라라에게 사랑을 고백하는 편지를 보내기에 이르렀습니다.

> 사랑하는 클라라!
> 당신은 연주 여행을 떠나 있지만, 내 곁에 앉아 있는 것처럼 느껴져. 손을 뻗으면 내 품에 꼭 안겨들 것만 같아.
> 예전에는 당신을 생각하면 사랑을 고백할 말들이 꼬리를 물고 떠올랐지. 하지만 지금은 그렇지 않으니 무슨 까닭일까?
> 클라라, 제발 나의 사랑을 받아 줘. 내가 당신에게 간절히 부탁하고 싶은 것은 이것뿐이야. 나는 태어나기 전부터 당신과 맺어질 운명이었다고 생각해.
> ……클라라, 창 밖에는 눈보라가 휘날리고 있어. 그러나 이 순간, 나를 사로잡는 것은 오로지 당신뿐이야. 나는 열심히 당신 생각만 하고 있어.

사실은 클라라도 로베르트를 사랑하고 있었습니다. 1830년, 로베르트가 그녀의 집에서 피아노 수업을 받던 때부터 혼자만의 사랑을 키워 왔던 것입니다. 그러나 이제는 혼자만의 사랑이 아니었습니다. 클라라와 로베르트는 서로를 열렬히 사랑하는 연인 사이가 되었습니다.

1837년 9월 13일은 클라라의 18번째 생일이었습니다. 로베르트는 이날 클라라의 아버지 프리드리히에게 클라라와의 결혼 승낙을 청했습니다.

"클라라와 저는 결혼하기로 약속했습니다. 저희들의 결혼을 허락해 주십시오."

하지만 프리드리히는 고개를 가로저었습니다.

"나는 두 사람의 결혼을 허락할 수 없네. 제발 내 딸을 잊어 주게. 다시는 만나지 말라고."

클라라의 아버지는 클라라에게 말했습니다.

"로베르트와 헤어져라. 너는 일류 피아니스트가 되었는데, 로베르트 같은 가난뱅이 음악가와 결혼해 장래를 망칠 수는 없다. 내 말 알아듣겠니?"

"아니에요, 아버지. 사랑하는 로베르트와 함께라면 저는 고생할 각오가 되어 있어요. 저는 꼭 로베르트와 결혼하겠어요."

클라라는 아버지의 명을 어기고 로베르트와 계속 만났습니다. 이 사실을 안 아버지는 불같이 화를 냈습니다.

"내가 만나지 말라고 그렇게 말했는데 또 로베르트를 만나? 로베르트, 이놈! 한번 더 이곳에 나타나기만 해 봐라. 총으로 쏘아 버리겠어!"

아버지는 클라라를 밤낮없이 감시했습니다. 서로를 운명으로 여기고 사랑했지만 클라라는 로베르트를 만날 수조차 없었습니다.

클라라와 로베르트에게는 베커라는 친구가 있었습니다. 할 수 없이 두 사람은 베커를 통해 편지를 주고받았습니다. 1837년부터 1840년까지 3년 동안 주고받은 편지가 400통이 넘었습니다.

로베르트는 클라라의 아버지에게 결혼 승낙을 얻어내지 못하자, 결국 법원에 결혼 허가 소송을 냈습니다. 두 사람은 재판을 통해 결혼 허가를 얻어, 1840년 9월 12일 라이프치히 근처에 있는 슈레페르트 교회에서 결혼식을 올렸습니다. 클라라의 생일 전날이었습니다. 클라라로서는 평생 잊지 못할 생일 선물을 받은 셈이었습니다. 그는 남편의 성을 따라 '클라라 슈만'이 되었습니다.

두 사람은 라이프치히의 인젤슈트라세 18번지에 보금자리를 마련했습니다.

1840년은 두 사람에게 신혼의 기쁨을 안겨 준 가장 행복한 해였습니다. 이 해에 로베르트는 '슈만 노래의 해'라고 일컬어질 만큼 많은 곡을 만들었습니다. 이전까지 피아노곡을 주로 만들던 슈만은 이 해에 100곡이 넘는 가곡을 만들기도 했습니다. 가곡집 〈여자의 사랑과 인생〉, 〈시인의 사랑〉, 〈미르텐〉 등에 실린 뛰어난 가곡들이 이 시기의 소득이었습니다.

클라라 슈만은 결혼 후 14년 동안 아이를 8남매나 낳았습니다. 이 많은 식구들이 살아가려면 생활비가 적지 않게 들었습니다. 하지만 로베르트가 음악가로서 벌어들이는 돈으로는 입에 풀칠

하기도 힘들었습니다.

　어느 날, 클라라 슈만은 남편에게 말했습니다.

　"로베르트, 저는 주부와 예술가, 두 가지 일을 같이 하고 싶어요. 물론 무척 힘들고 어렵겠지요. 그렇지만 가정에 파묻혀 예술을 버리고 싶진 않아요."

　클라라 슈만은 남편을 설득하여 연주 활동을 시작했습니다. 그는 결혼 후 3년 만에 가진 피아노 연주회에서 보란 듯이 성공을 거두었습니다.

　연주회는 생활비를 마련하는 데 큰 보탬이 되었습니다. 클라라 슈만은 러시아 순회 공연을 다녔는데, 이때 벌어들인 수입으로 1년을 살 수 있었습니다.

　1844년, 클라라 슈만은 라이프치히에서 드레스덴으로 이사했습니다.

　이 무렵 로베르트는 우울증을 앓고 있었습니다. 우울증은 점점 깊어져 나중에는 청각 장애까지 생겼습니다.

　"여보, 도저히 못 견디겠어. 귓가에서 둥둥둥 북소리가 울려."

로베르트는 두 귀를 틀어막고 방 안을 데굴데굴 굴렀습니다.

드레스덴에서 뒤셀도르프로 이사한 지 3년이 지난 어느 날, 로베르트는 끝내 일을 저질렀습니다.

"클라라, 나는 너의 사랑을 받을 자격이 없는 사람이야."

정신병에 시달리던 로베르트는 맨발로 빗속의 거리로 뛰쳐나와 이렇게 중얼거리며 라인 강에 몸을 던졌습니다.

"앗, 저기 사람이 물에 빠졌다!"

마침 지나가던 배가 로베르트를 발견했습니다. 로베르트는 곧 구조되어 정신 병원으로 옮겨졌습니다.

그는 본의 변두리인 엔데니히에 있는 정신 병원에서 2년을 입원했다가 1856년 7월 29일, 조용히 숨을 거두었습니다.

로베르트가 입원했던 정신 병원은 지금 시립 음악 전문 도서관이 되었습니다. 로베르트의 병실은 '슈만 기념실'로 꾸며져 있다고 합니다.

장례를 마친 뒤 클라라 슈만은 자식들에게 말했습니다.

"나는 너희 아버지를 열렬히 사랑하며 살아왔단다. 너희 아버지는 작곡가로서 뛰어난 작품들을 많이 남기셨지. 나는 이 작품들을 세계에 널리 알리기 위해 세계 여러 곳을 다니며 연주 활동을 하련다."

클라라 슈만은 이 약속을 지켰습니다. 그 뒤 34년 동안 세계 여러 나라를 다니며 로베르트의 피아노곡을 연주했습니다. 1890년 72세로 고별 연주회를 할 때까지 1,300여 회의 연주회를 가졌다고 합니다.

클라라 슈만은 말년에는 남편을 추모하며 검은 드레스를 입고 연주했으며, 언제든지 로베르트의 곡으로 연주회를 시작했다고 합니다.

1896년 5월 20일, 뇌일혈로 쓰러진 클라라 슈만은 본의 구 묘지에 남편과 함께 묻혔습니다.

로베르트는 누구보다도 아내의 천재적인 재능을 알아보았습니다. 그래서 연주뿐 아니라 작곡까지 권했는데, 클라라 슈만은 관현악곡·실내악곡·가곡 등 여러 곡을 작곡하기도 했습니다.

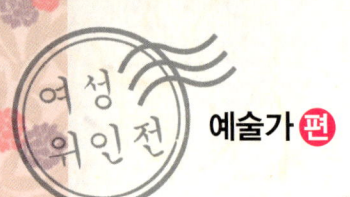

불운한 천재 조각가
카미유 클로델

1864~1943, 프랑스 샹파뉴 지방의 빌뇌브 쉬르페르에서 태어났다. 1881년 파리로 이주하여 콜라로시 아카데미에서 조각을 배웠다. 1882년 조각품〈나이 든 엘렌느〉를 프랑스 예술가 협회 살롱 전시회에 출품함으로써 조각가로 데뷔했다. 그후 로댕의 조수가 되어〈지옥의 문〉에 들어갈 많은 조각품들을 직접 만들었으며, 로댕을 위해 모델도 되어 주었다. 1888년〈사쿤탈라〉로 프랑스 예술가 협회 살롱 전시회에서 최고상을 받았다. 1892년 로댕과 헤어져 혼자만의 작업에 열중했으며, 전시회를 열었던 1905년 이후로 세상과 등졌다. 대표 작품으로〈사쿤탈라〉,〈왈츠〉,〈어린 소녀 샤틀렌느〉등이 있다.

1864년 12월 8일, 프랑스 상파뉴 지방의 빌뇌브 쉬르페르에 있는 작은 마을에서 눈매가 서글서글한 귀여운 아기가 태어났습니다.

"딸이에요. 아기가 아주 예쁘네요. 반짝반짝 빛나는 푸른 색 눈이 별처럼 아름다워요."

아기 낳는 것을 도운 할멈은 아기를 품에 안고 참새처럼 조잘거렸습니다.

아기 엄마인 루이즈 세르보는 얼굴빛이 달라졌습니다.

"아들이 아니라 딸이라고요?"

"그렇다니까요. 나는 이제까지 많은 아기를 보았지만, 이렇게 귀엽고 예쁜 아기는 처음이에요. 엄마 아빠가 잘생기면 잘난 아기를 낳는다더니 그 말이 사실이네요."

그러나 루이즈는 아기에게 눈길 한번 주지 않고 돌아누워 버렸습니다. 실망이 가득한 얼굴이었습니다.

'아들이기를 간절히 바랐는데 딸이 태어나다니……. 나는 왜 이렇게 복이 없을까?'

루이즈는 이불을 뒤집어쓰고 긴 한숨을 내쉬었습니다.

그는 1년 전에 아들 앙리를 낳았습니다. 그러나 아들을 얻은 기쁨이 채 사라지기도 전에 앙리는 갑자기 죽어 버렸습니다. 태어난 지 꼭 2주일 뒤였습니다. 재무 관리인 남편 루이 프로스페 클로델과 루이즈는 가슴이 미어졌습니다. 특히 루이즈는 아들을 잃은 충격에서 헤어나지 못했습니다.

"너무 슬퍼하지 말아요. 아이는 또 낳으면 되지 않소."

남편 루이는 아내를 위로했습니다.

루이즈는 죽은 앙리를 대신할 아들을 간절히 기다렸는데, 이번에는 딸이 태어난 것입니다.

하지만 루이는 아내와는 달리 기쁨을 감추지 못했습니다.

"고 녀석, 깜찍하게 생겼네. 어쩜 이렇게 예쁠까."

루이는 아기를 보고 좋아서 입이 벌어졌습니다.

"네 이름은 카미유다, 카미유 클로델……. 어때, 정말 멋진 이름이지?"

루이는 아기를 품에 안고 방실방실 웃었습니다.

카미유는 자라면서 아버지를 쏙 빼닮았습니다. 서글서글한 눈매와 매력적인 푸른 눈, 시원한 이마는 너무나 귀여웠습니다. 그래서 아버지는 자기를 닮은 딸을 더욱 아끼고 사랑했습니다.

그러나 어머니는 아버지와는 달리 카미유를 몹시 싫어했습니다.

"카미유는 저주받은 아이예요. 다리를 절잖아요."

카미유는 어려서 소아마비를 앓아 한쪽 다리를 절었습니다. 상파뉴 지방에서는 악마의 저주를 받으면 다리를 절게 된다고 믿었습니다.

아버지가 못마땅하다는 듯 말했습니다.

"악마의 저주라니 말도 안 되는 소리 말아요. 그것은 미신이란 말이오."

어머니는 카미유를 미워했지만, 아버지는 이런 식으로 늘 카미유 편을 들고 감싸 주었습니다.

2년 뒤, 카미유의 여동생 루이즈가 태어났습니다. 그런데 어머니는 카미유를 미워하는 대신 루이즈만은 유달리 사랑했습니다. 심지어 2년 뒤에 그렇게 소원하던 아들인 폴을 얻었지만 폴보다 루이즈를 더 사랑했습니다.

카미유는 걸음마를 배우고 나서는 찰흙을 가지고 놀기를 좋아했습니다. 찰흙만 눈에 띄면 땅바닥에 주저앉아 반죽을 하여 무언가를 만드는 것이었습니다.

동생 폴은 자라서 카미유 뒤를 졸졸 따라다녔습니다.

"누나, 뭐 하고 있어?"

"응, 새를 만들고 있어."

카미유는 날개를 활짝 펼친 독수리를 보여 주었습니다. 폴은 손뼉을 치며 좋아했습니다.

"와, 멋지다! 살아 있는 독수리 같다."

"폴, 이거 다 만들면 너 줄까?"

"정말? 고마워, 누나."

폴은 누나 옆에 주저앉아 자기도 찰흙으로 동물을 만들었습니다.

"폴, 무슨 동물을 만들었니?"

"응, 강아지……."

"내 눈에는 하마처럼 보이는걸. 너무 뚱뚱하게 만들었어."

카미유는 독수리를 완성한 뒤 귀여운 강아지까지 만들었습니다. 그러자 폴은 좋아서 소리쳤습니다.

"진짜 강아지 같네! 내 마음에 쏙 들어."

남매는 찰흙을 가지고 노느라 시간 가는 줄 몰랐습니다. 그러다 보면 어느 새 서산마루에 해가 걸려 있었습니다.

땅거미가 질 무렵, 두 아이는 집으로 들어갔습니다. 어머니는 화가 나서 소리쳤습니다.

"카미유, 또 흙장난을 했구나! 계집아이가 뭐 하는 짓이니? 옷과 신발이 엉망이잖아!"

그러나 카미유는 지지 않고 말했습니다.

"흙장난이 아니라 찰흙으로 동물을 만들었어요. 옷을 좀 버리긴 했지만 그리 야단맞을 일은 아니라고 생각해요."

"뭐, 어쩌고 어째? 이 녀석 말하는 것 좀 봐. 잘했다고 큰소리치네. 너 맞아야 정신을 차리겠구나."

어머니는 몽둥이를 들고 카미유를 마구 때리기 시작했습니다.

"아야! 아파요! 매를 들지 말고 말로 하세요."

"내가 너한테 흙장난 하지 말라고 몇 번이나 말했니? 말로 해도 듣지 않으니 매를 맞아야지."

카미유가 정신없이 맞고 있을 때 아버지가 퇴근하여 돌아왔습니다. 카미유는 구세주를 만난 듯 아버지에게 도움을 청했습니다.

"아버지, 도와주세요! 찰흙으로 동물을 만들며 놀았다고 어머니가 때려요."

카미유는 어머니의 매를 피해 아버지 뒤에 숨었습니다.

아버지가 말했습니다.

"여보, 카미유를 너무 야단치지 말아요. 저 나이 때는 흙장난을 하며 노는 것이 당연하지."

아버지는 카미유를 감싸고 돌았습니다. 그러니 어머니도 더 이상 매를 들 수가 없었습니다.

또 한 번은 이런 일이 있었습니다.

하루는 카미유가 집 밖으로 놀러 나갔다가, 낑낑대며 찰흙 포대를 들고 마당으로 들어섰습니다. 어머니는 그것을 보고 고함을 질렀습니다.

"카미유, 뭐 하는 짓이니? 더러운 찰흙을 집에까지 가져오면 어떡해! 도로 내다버려!"

"싫어요! 찰흙으로 성경에 나오는 인물을 만들 거예요."

"찰흙이 금덩어리라도 되니? 잔말 말고 내다 버려!"

"싫다니까요!"

카미유는 찰흙 포대를 버리지 않겠다고 버텼습니다.

어머니는 화가 머리끝까지 나서 카미유의 뺨을 몇 대 때렸습니다. 바로 그 순간, 아버지가 집에서 나왔습니다.

"여보, 카미유가 원하는 대로 해 주구려. 찰흙으로 성경 인물을 만들고 싶다지 않소."

어머니는 아버지를 노려보았습니다.

"당신은 번번이 카미유 편만 드는군요. 그러니까 저 아이가 버릇이 나빠져 제멋대로 구는 거라고요."

"당신은 왜 카미유에게만 엄하게 대하는 거요? 카미유가 원하는 일은 들어줄 줄도 알아야지. 내가 보기에 카미유는 찰흙으로 물건을 만드는 재주가 보통이 아니오. 그 재주를 길러 주면 장차 위대한 조각가가 될 거요."

아버지는 카미유에게 고개를 돌렸습니다.

"카미유, 찰흙을 집 안으로 옮기면 집 안이 온통 더러워지니, 찰흙 포대를 마당에 놓아 두어라. 그리고 마당에서 네가 만들고 싶은 것을 만드는 거야."

카미유는 말없이 고개를 끄덕였습니다. 이날 이후 카미유는 아버지 덕분에 집 마당에서 마음껏 찰흙으로 만들기를 할 수 있게 되었습니다.

카미유는 아브라함, 이삭, 야곱, 모세, 아론, 예수, 마리아, 베드로 등 성경 이야기로 들은 인물들을 찰흙으로 빚었습니다. 그리고 제우스, 아폴로, 헤라클레스 등 그리스 신화에 나오는 신이나 영웅들도 조형물로 만들었습니다. 카미유가 여덟 살부터 열두 살까지 찰흙으로 빚은 인물은 수백 명이었습니다.

'굉장한 솜씨야. 어린 나이에 저렇게 빼어난 작품을 만들다니.'

아버지는 딸의 재능을 알아보고 로댕의 친구이자 조각가인 알프레드 부셰를 만나러 갔습니다.

"제 딸아이가 만든 작품입니다. 한번 봐 주시지요."

아버지는 부셰에게 카미유가 만든 작품을 내놓았습니다. 순간, 부셰의 눈은 화등잔만 해졌습니다.

"이것이 정말 열세 살짜리 아이가 만든 작품입니까? 놀랍군요. 이 아이는 잘만 가르치면 훌륭한 조각가가 되겠어요."

"선생님, 제 딸아이를 부탁드립니다. 잘 지도해 주십시오."
아버지는 부세에게 간곡하게 부탁하여 카미유가 조각을 배울 수 있도록 했습니다. 그 뒤 카미유는 부세의 지도를 받으며 나폴레옹이나 비스마르크의 조각상, 다윗과 골리앗 상 등의 작품을 만들었습니다.

이 시기에 만든 대표적인 작품은 〈알프레드 부셰의 흉상〉입니다. 카미유는 스승을 모델로 하여 그의 얼굴 표정이 살아 있는 개성 있는 작품을 만들었습니다.

1881년, 카미유의 아버지는 가족을 파리로 이사시켰습니다. 카미유를 미술 학교에 보내 미술 수업을 받게 하기 위해서였습니다.

그러나 당시에는 여학생을 뽑는 미술 학교는 파리에 없었습니다. 더욱이 카미유가 배우고자 하는 조각은 육체 노동으로 이루어지는 힘든 작업이기에 남자만의 예술 장르로 통하던 시절이었습니다.

"카미유, 콜라로시 아카데미에 들어가는 게 어떻겠니? 사설 학원이긴 하지만 여학생도 받아준단다."

"좋아요, 선생님."

카미유는 부셰의 권유로 콜라로시 아카데미에 들어갔습니다. 이곳에는 카미유처럼 조각을 배우는 여학생들이 있었습니다. 카미유는 영국에서 온 여학생 세 명과 노트르담 데 샹 거리에 공동 작업실을 마련하여 조각 작품을 만들었습니다.

부셰는 1주일에 두 번 작업실에 들러 카미유와 그 친구들의 작품을 지도해 주었습니다.

1882년, 카미유 클로델은 자신의 집에서 일하는 엘렌느라는 늙은 하녀를 모델로 하여 〈나이 든 엘렌느〉라는 작품을 만들었습니다. 카미유 클로델은 이 작품을 프랑스 예술가 협회에서 주최한 살롱 전시회에 출품했습니다. 신문에서는 새로운 조각가가 나타났다며 '진지하고 빈틈없는 작품'이라고 평했습니다. 카미유 클로델이 여성 조각가로 화려하게 데뷔를 한 것입니다.

이듬해 부셰는 살롱 전시회에서 대상을 차지해 이탈리아로 떠나게 되었습니다. 그는 떠나기 전에 친구인 로댕을 만나 말했습니다.

"나에게 조각을 배우는 여학생들이 있소. 나 대신 그들을 맡아 지도해 주시오."

당시에 로댕은 〈코가 이그러진 사나이〉, 〈청동 시대〉 등의 작품으로 큰 성공을 거둔 44세의 인기 조각가였습니다.

로댕은 20세의 카미유 클로델이 만든 작품을 보고 그 천재성을 첫눈에 알아보았습니다.

'이 아이는 내가 특별히 가르칠 필요가 없겠어. 이 정도 재능이라면 내 일을 맡겨도 되겠는걸.'

로댕은 인기 조각가여서 밀려드는 주문 때문에 정신을 차릴 수 없었습니다. 그래서 많은 조수들을 고용하여 작업실에서 공동 작업을 했습니다.

카미유 클로델은 로댕의 제의를 받아들여 그의 조수가 되었습니다.

로댕은 조수들에게는 점토 작업만 맡겼습니다. 하지만 카미유 클로델만은 예외였습니다. 카미유 클로델에게는 대리석을 조각하는 일을 맡겼으며, 자신의 작품에 들어가는 손과 발을 만들게 했습니다.

로댕은 카미유 클로델과 작업하면서 깜짝깜짝 놀랄 때가 많았습니다. 카미유 클로델이 아이디어가 풍부하고 재료를 잘 다루며 자신에게 창조적인 영감을 주었기 때문입니다.

로댕은 언제부턴가 자신의 모든 작업을 카미유 클로델과 의논하여 만들었으며, 〈지옥의 문〉에 들어갈 많은 조각품을 카미유 클로델에게 직접 만들게 했습니다.

로댕의 이름으로 발표된 청동 흉상은 대부분 카미유 클로델이 만든 것이었습니다.

카미유 클로델은 또한 로댕을 위해 모델도 되어 주었습니다. 그렇게 해서 태어난 작품이 〈입맞춤〉, 〈이별〉, 〈생각하는 사람〉 등입니다.

카미유 클로델은 로댕의 작품을 돕는 일로 바빴지만 자신의 창작 활동도 게을리하지 않았습니다. 1886년, 남동생 폴을 모델로

하여 〈젊은 로마인〉을 만들어 여류 조각전에 출품했으며, 1888년에는 〈사쿤탈라〉로 프랑스 예술가 협회 살롱 전시회에서 최고상을 수상했습니다.

카미유 클로델은 로댕의 훌륭한 조수이자 모델이었지만 연인이기도 했습니다. 나이 차가 스무 살이 넘었지만 두 사람은 서로 사랑하는 사이가 되었습니다.

카미유 클로델은 로댕과 결혼하기를 원했습니다. 그러나 로댕에게는 1864년부터 함께 살아온 로즈 뵈레라는 여자가 있었습니다. 정식 아내는 아니었지만 도저히 평생 자기 곁에 있어 준 여자와 헤어질 수 없었습니다.

1892년, 카미유 클로델은 결국 로댕의 작업실에서 뛰쳐나왔습니다. 그리고 로댕과 헤어져 혼자만의 작업에 몰두했습니다. 이때 완성한 작품이 〈왈츠〉, 〈클로토〉, 〈어린 소녀 샤틀렌느〉 등입니다.

그러나 조각에는 엄청난 제작비가 필요했습니다. 대리석, 청동 등의 재료비와 모델료, 운송비 등 들어가는 경비가 막대했습니다. 가난한 카미유 클로델로서는 엄두를 낼 수 없었습니다. 모델을 구할 돈조차 없어 상상에 의존해 작품을 만들 정도였습니다.

카미유 클로델은 극심한 가난에 시달렸습니다. 옷은커녕 신발도 없어 외출을 못했습니다. 겨울에는 연료비가 없어 자신의 작업장에서 오들오들 떨며 조각을 했습니다. 카미유 클로델은 이즈음 아슬렝이라는 사람에게 이런 편지를 보내기도 했습니다.

……언제 저한테 오시겠습니까? 만일 점심때라면 반드시 음식을 싸 가지고 오십시오. 저의 집에는 먹을 것이 없어 점심때 오시면 굶어야 합니다.

카미유 클로델은 이렇듯 어려움을 겪으면서도 예술 활동을 중단하지 않았습니다. 외출도 하지 않은 채 열심히 작품을 만들었으며, 해마다 살롱전에 출품하여 좋은 평을 받았습니다.

1905년 카미유 클로델은 〈중년〉, 〈기원〉 등 13편의 작품으로 전시회를 열었습니다. 이것이 공식적인 마지막 활동이었습니다.

카미유 클로델은 1905년 이후로 세상과 등졌습니다. 사람과 사회를 멀리하며 집 안에 혼자 틀어박혀 지냈습니다.

카미유 클로델은 이때부터 미쳐 가기 시작했습니다.

'로댕이 내 작품을 훔쳐 갔어. 1899년 살롱전에 출품했던 〈클로토〉가 사라져 6년째 돌아오지 않는데, 이것은 로댕이 저지른 짓이야.'

카미유 클로델은 로댕에게 도둑 누명을 씌웠습니다. 그뿐 아니라 로댕이 사람을 시켜 자기를 미행하며 자신을 죽이려 한다고 생각했습니다. 카미유 클로델은 로댕에 대한 피해 망상에 젖어 있었습니다. 그래서 급기야는 로댕이 자기 작품을 훔쳐 가지 못하도록, 작품을 만드는 족족 망치로 깨뜨려 버렸습니다.

　1913년 아버지가 돌아가셨습니다. 그로부터 8일 뒤, 카미유 클로델의 작업실에는 덩치 좋은 남자들이 들이닥쳤습니다. 정신 병원의 남자 간호사들이었습니다. 이들은 카미유 클로델을 붙잡아

정신 병원에 가두었습니다.

　카미유 클로델은 죽을 때까지 정신 병원에서 나오지 못했습니다. 30년을 꼬박 갇혀 있었던 것입니다.

　1929년 세상을 떠난 어머니는 단 한 번도 면회를 오지 않았습니다. 뿐만 아니라 카미유 클로델에게는 가족 말고는 편지를 쓰거나 받지 못하도록 했습니다.

　이따금 면회를 온 것은 카미유 클로델이 사랑했던 남동생 폴이었습니다. 그는 세계적인 극작가이자 시인이 되었는데, 오랫동안 외교관 생활을 했습니다. 미국, 중국, 일본 등 해외에 나가 있어 자주 면회를 올 수 없었습니다.

　카미유 클로델이 비극적인 삶을 마친 것은 1943년 10월 19일이었습니다. 폴은 몇 주 후 마지막으로 면회를 다녀오고 일기장에 다음과 같이 썼습니다.

　카미유는 침대에 누워 있었다. 그는 여든 살이었지만 실제보다 더 늙어 보였다. 나는 어린 시절의 그를 기억하고 있다. 그때는 얼마나 아름답고 천재적이었던가? 그는 내 얼굴을 알아보고 "폴! 귀여운 내 동생 폴!" 하고 부르짖었다. 간호사는 카미유가 지금 어린 시절에 머물러 있다고 했다. 그래서 그런지 여전히 이마가 시원한 얼굴은 티 없이 맑았으며 행복한 표정이었다.

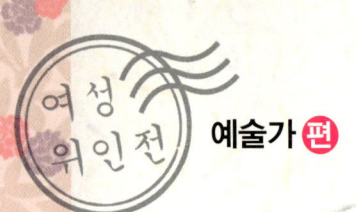

모델 출신의 천재 여성 화가

쉬잔 발라동

1865~1938. 프랑스에서 태어나 가난한 어린 시절을 보냈다. 학교를 열한 살에 그만두고 공장 직공, 식당 종업원, 야채 장사, 서커스단 곡예사 등 여러 가지 직업을 전전하다 미술 모델로 활동하는 한편, 틈틈이 그림을 그리기 시작했다. 툴루즈 로트레크, 드가 등의 인정을 받아 1892년부터 본격적으로 그림을 그리기 시작해 개성 있는 뛰어난 그림으로 세계적인 화가가 되었다. 아들 위트릴로를 프랑스를 대표하는 화가로 길러내기도 했다. 대표 작품으로 〈목욕하는 젊은이〉, 〈아담과 이브〉, 〈머리를 빗는 나부〉, 〈푸른 침실〉 등이 있다.

"쉬잔, 너는 엄마처럼 살면 안 된다. 엄마는 하루에 12시간씩 일하지만 2프랑도 못 벌지 않니. 그게 다 배우지 못한 탓이다. 네가 엄마처럼 가난에 시달리지 않고 사람답게 살려면 공부를 해야 한다."

쉬잔 발라동의 어머니 마들렌은 어린 딸을 불러 앉히고 이렇게 말했습니다.

마들렌은 프랑스 몽마르트르의 로시슈아르 가에서 쉬잔과 단 둘이 살고 있었습니다.

마들렌의 직업은 세탁부였습니다. 하루 종일 허리가 휘어지도록 일해도 손에 쥐는 돈은 몇 푼 되지 않았습니다. 두 식구가 입에 풀칠하기도 힘든 형편이었습니다.

마들렌은 프랑스 리모주 근처의 베신 마을에서 살다가 파리로 올라왔습니다. 1865년 9월 23일에 태어난 쉬잔을 품에 안고, 두 딸은 친척집에 맡긴 채 시골집을 떠나온 것입니다. 남편은 감옥에서 죽어 그의 곁에 없었습니다.

"쉬잔, 엄마가 학교를 알아보았다. 내일부터 학교에 다녀라."

그 학교는 뱅상 드 폴 수녀원에서 운영하는 학교였습니다. 쉬잔은 어머니의 뜻에 따라 학교에 들어갔습니다.

쉬잔은 그동안 누구의 간섭도 받지 않고 거리를 쏘다니며 자유롭게 지냈습니다. 그런데 아침부터 저녁까지 교실에 갇혀 수업을 받아야 했으니 답답하여 견딜 수가 없었습니다. 결국 쉬잔은 학교를 졸업하지 못하고 열한 살에 그만두고 말았습니다.

몽마르트르 거리로 돌아온 그는 집안 생계를 돕기 위해 닥치는 대로 일했습니다. 공장 직공, 식당 종업원으로 일하는가 하면, 시장에서 야채 장사를 하거나 마구간지기, 꽃집 점원으로 근무하기도 했습니다.

열여섯 살이 되던 해에, 쉬잔은 서커스 공연을 관람했습니다. 공중그네 타기나 줄타기 묘기는 손에 땀을 쥐게 했습니다. 실수 없이 온갖 묘기를 보여 주는 곡예사가 너무 멋져 보였습니다.

'수많은 사람들이 지켜보는 가운데 저런 묘기를 펼친다면 얼마나 좋을까. 아아, 나도 곡예사가 되고 싶어.'

쉬잔은 서커스 공연이 끝났는데도 그 자리를 떠나지 못했습니다. 그는 감동에 젖은 얼굴로 무대를 바라보다가 용기를 내어 서커스단 사무실을 찾아갔습니다.

"저도 곡예사가 되고 싶습니다. 저를 서커스 단원으로 써 주십시오."

쉬잔은 단장을 만나 간절히 청했습니다.

단장이 말했습니다.

"곡예사는 아무나 되는 게 아니야. 무대에 서려면 피나는 훈련을 받아야 해."

"무슨 훈련이든 받겠습니다. 저는 고생할 각오가 되어 있어요."

"정말인가? 나중에 후회하지는 않겠지? 그럼 우선 견습 단원으로 임명하니 1년 동안 훈련을 받도록 해. 훈련이 끝나면 정식 단원으로 임명하지."

"감사합니다."

쉬잔은 단장에게 머리가 땅에 닿도록 절을 했습니다.

이튿날부터 훈련이 시작되었습니다. 단장은 쉬잔에게 여러 가지 곡예를 연습시켰습니다. 무엇 하나 쉬운 것이 없었습니다.

"자세가 불안해. 그런 자세로 어떻게 곡예를 하겠나? 정신 똑바로 차려! 곡예를 할 때는 아무리 힘들어도 얼굴에 웃음을 짓고……."

단장은 이것저것 주문이 많았습니다. 쉬잔이 실수를 하면 불호령을 내렸습니다.

그러던 어느 날이었습니다. 그날은 공중그네 묘기를 연습하는 날이었습니다. 쉬잔과 남자 단원이 각자 그네를 타고 날아와 공중에서 만날 때, 쉬잔이 자기 그네를 놓고 남자 단원의 손을 잡아 나란히 그네를 타는 묘기였습니다.

그런데 이때 실수가 나왔습니다. 쉬잔이 남자 단원의 손을 잡다가 놓친 것입니다.

"앗!"

쉬잔은 공중에서 떨어지고 말았습니다. 아래에는 보호 그물도 없었습니다. 쉬잔은 큰 부상을 입어 몇 달 동안 병원 신세를 져야 했습니다. 이로써 곡예사의 꿈도 깨져 버렸습니다. 그날로 서커스단에서 쫓겨났기 때문입니다.

"장애인이 되지 않았으니 그나마 다행이다. 몸이 다 나으면 위험한 곡예사 일은 절대로 하지 마라."

어머니는 쉬잔에게 신신당부를 했습니다.

쉬잔은 병원에서 퇴원한 뒤 일자리를 찾아 나섰습니다.

'위험하지 않으면서 높은 수입을 올릴 수 있는 일이 없을까?'

그러나 쉬잔이 원하는 일자리는 좀처럼 나타나지 않았습니다. 대부분 싼 품삯을 주는 일자리였습니다.

일요일에 쉬잔은 피갈 광장을 지나가게 되었습니다. 피갈 광장에서는 모델 시장이 열리고 있었습니다. 화가들이 모여들어 그 자리에서 그림 모델이 되어 줄 여자를 구하는 것이었습니다.

'화가들의 모델이라……. 이런 일자리가 있었구나.'

쉬잔이 피갈 광장을 서성거릴 때 늙수그레한 남자가 쉬잔에게 말을 걸어왔습니다.

"아가씨, 내 모델이 되어 주지 않겠소? 한 시간에 2프랑을 주겠소. 누드 모델이 되어 준다면 그 열 배를 주고……."

쉬잔은 입이 떡 벌어졌습니다.

'와아, 품삯이 꽤 높네. 어머니는 하루 12시간씩 일해도 2프랑도 못 버는데, 드디어 내가 찾는 일자리가 나타났구나.'

쉬잔은 좋아라 하고 나이 많은 화가를 따라 나섰습니다.

그 화가의 이름은 피에르 퓌비 드 샤반이었습니다. 그는 귀족 출신의 화가로서 상당한 부자였습니다. 또한 쉬잔보다 마흔한 살이나 많았습니다.

쉬잔은 그의 모델이 되어 3년 동안 일했습니다. 샤반이 쉬잔을 모델로 하여 그린 작품은 〈거룩한 숲〉입니다.

쉬잔은 이제 전문 모델이 되었습니다. 3년 뒤에는 샤반뿐 아니라 다른 화가들의 모델 노릇을 했습니다. 그렇게 해서 탄생한 걸작들이 르느와르의 〈부지발의 무도회〉, 〈목욕하는 사람들〉, 툴루즈 로트레크의 〈술 마시는 여인〉 등입니다.

쉬잔은 여러 화가와 사랑을 했습니다. 그 사랑은 대부분 짧게 끝났지만 그 추억은 평생 간직하며 살았습니다.

쉬잔은 1883년에 스페인의 신문 기자이자 화가였던 미구엘 위트릴로와 뜨거운 사랑을 했습니다. 같은 해 12월 26일에는 아들까지 낳았는데, 이 아이가 바로 어머니의 뒤를 이어 세계적인 화가가 되는 모리스 위트릴로입니다.

쉬잔은 생활비를 벌기 위해 모델 일을 계속했습니다. 어머니가 세탁부 일을 그만두고 어린 모리스를 보살폈습니다.

한편 쉬잔은 이 무렵 틈틈이 그림을 그리고 있었습니다. 그동안 여러 화가들의 모델을 하면서 그림 기법을 눈여겨보았습니다. 자신이 붓을 든다면 그 정도 그림은 그릴 수 있을 것 같았습니다. 쉬잔은 집에서 쉬는 날에는 어머니와 모리스를 모델로 하여 스케치를 했습니다. 그림을 그릴수록 나날이 솜씨가 늘어 기분이 좋았습니다.

쉬잔 발라동은 몽마르트의 툴라크 가 7번지로 이사했습니다. 툴라크 가에는 화가들의 화실이 모여 있었습니다. 쉬잔 발라동은 모델 노릇을 하며 화가들과 가까이 지냈습니다.

이때 쉬잔 발라동과 가장 친한 화가는 꼽추 화가로 유명한 툴루즈 로트레크였습니다.

어느 날, 쉬잔 발라동은 자신의 스케치들을 로트레크에게 보여주었습니다. 로트레크는 깜짝 놀라 소리쳤습니다.

"이것이 정말 당신이 그린 그림인가? 놀라운 솜씨야. 당신에게 이처럼 뛰어난 재능이 있었다니!"

때마침 로트레크의 친구인 화가 고지와 조각가 바르톨로메가 화실로 놀러 왔습니다. 로트레크는 그들에게 스케치를 보여 주며 말했습니다.

"이 스케치들은 쉬잔 발라동이 그렸다네. 어떤가?"

"강렬하고 힘찬 인물 묘사야. 표현력이 살아 있어."

"아마추어의 솜씨라고 하면 아무도 믿지 않을걸. 정말 굉장해."

고지와 바르톨로메는 쉬잔 발라동의 스케치 몇 점을 보고 놀라워했습니다.

"이 정도 그림이라면 드가에게 보여 주는 게 어때? 드가도 아마 깜짝 놀랄걸."

"드가는 우리 시대 최고의 화가 아닌가. 드가에게 인정을 받는다면 쉬잔에게 앞으로 화가로 활동할 길이 열릴지도 모르지. 좋은 생각이야."

바르톨로메는 그 자리에서 드가 앞으로 편지를 썼습니다. 쉬잔 발라동을 보내니 그림을 보고 평가를 해 달라는 내용이었습니다.

쉬잔 발라동은 그 편지를 받아 들고 드가의 화실을 찾아갔습니다. 드가는 그녀가 내놓은 편지를 읽고 스케치들을 자세히 살펴보았습니다. 그러고는 감동에 젖은 목소리로 말했습니다.

"오, 얼마 만에 보는 참된 그림인가? 이제 당신도 우리와 함께 활동해야겠어."

드가는 입에 침이 마르도록 쉬잔 발라동의 그림을 칭찬했습니다. 그뿐만 아니라 쉬잔 발라동의 스케치 한 점을 그 자리에서 사기까지 했습니다.

1890년 드가에게 높은 평가를 받은 쉬잔 발라동은 1892년부터 본격적으로 그림을 그리기 시작했습니다. 1894년에는 드가의 주선으로 드 라 나시오날 살롱전에 작품을 출품했으며, 1897년에는 앙브루아즈 볼라르 화랑에서 동판화 전시회를 가졌습니다.

쉬잔 발라동은 이제 모델 활동을 접고 그림에만 전념했습니다.

그는 개성 있는 뛰어난 그림으로 큰 성공을 거두었으며, 프랑스 후기 인상파의 대표적인 화가로 떠올랐습니다.

그러나 쉬잔 발라동에게는 고민이 있었습니다. 할머니 밑에서 자라는 아들 모리스 위트릴로가 어릴 적부터 술을 마시기 시작하더니, 급기야는 열아홉 살에 알코올 중독자가 되어 병원 치료를 받게 된 것입니다.

이때 담당 의사가 쉬잔 발라동에게 말했습니다.

"모리스는 알코올 중독에다가 정신 분열 증세까지 있습니다. 백 가지 약보다 안정을 얻는 것이 중요합니다. 안정을 얻는 데는 그림을 그리는 것이 제일이지요."

쉬잔 발라동은 의사의 조언을 받아들여 아들에게 그림을 가르쳤습니다.

위트릴로가 처음 그린 것은 그림엽서를 베끼는 것이었습니다, 그다음에는 하얀 색의 건물 벽을 그리거나 파리의 잿빛 하늘을 그렸습니다.

어머니의 강요로 마지못해 그림을 시작한 아들이었습니다. 그러나 날이 갈수록 위트릴로는 그림에 빠져들었습니다. 마침내 그는 그림 없이는 살 수 없는 사람이 되었으며, 어머니의 재능을 이어받아 그림에 천재성을 발휘했습니다. 위트릴로는 〈거리의 풍경〉, 〈파리의 골목길〉, 〈팔레트〉 등 명화를 그려내어 당대에 가장 뛰어난 화가로 인정을 받았습니다.

쉬잔 발라동과 위트릴로는 '모자 화가'로서 많은 찬사를 받았습니다. 미술상 베르넹 죈느는 이 모자 화가와 자신의 화랑에서만 그림을 전시하기로 전속 계약을 맺었습니다. 그런데 1년 계약금이 무려 100만 프랑이어서 사람들을 놀라게 했습니다.

쉬잔 발라동은 이렇게 큰돈을 가져보기는 난생 처음이었습니다. 흥분한 그는 라 메종 레스토랑에 친구들을 불러 일주일 동안 파티를 열었습니다. 그리고 거리를 지나다가 거지나 아이들을 만나면 돈을 듬뿍 쥐어 주었습니다.

쉬잔 발라동과 위트릴로는 1924년 4월에 두 사람만의 전시회를 열었습니다. 이 전시회는 크게 성공했으며 국제적으로 널리 알려졌습니다.

쉬잔 발라동은 이제 프랑스를 대표하는 여성 화가가 되었습니다. 누드화, 정물화, 초상화, 풍경화를 주로 그렸는데, 〈목욕하는 젊은이〉, 〈아담과 이브〉, 〈머리를 빗는 나부〉, 〈푸른 침실〉 등이 대표작으로 꼽히고 있습니다.

쉬잔 발라동은 1935년 당뇨병과 급성 신장염을 앓았습니다. 그리고 그 뒤부터는 그림에서 손을 뗐습니다.

쉬잔 발라동은 1938년 4월 19일, 뇌졸중으로 숨을 거두었습니다. 그가 묻힌 곳은 몽마르트르의 생 피에르 성당 묘지였습니다.

말년에 천주교 신자가 된 아들 위트릴로는 어머니를 생각하며 눈물과 기도로 세월을 보냈으며, 자기 이름 뒤에 꼭 어머니 이름의 머리 글자인 'V'자를 크게 썼다고 합니다.

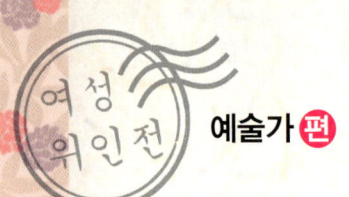

예술가 편

현대 무용의 어머니

이사도라 덩컨

1877~1927, 미국 샌프란시스코에서 태어났으며, 1899년 유럽으로 건너가 프랑스 파리에서 공연하여 절찬을 받았다. 이후 유럽 순회 공연에 나서 빈, 부다페스트, 뮌헨 등지에서 큰 성공을 거두었다. 그는 코르셋을 과감하게 벗어 던지고 새로운 무용을 선보여 세계 무용계에 충격을 주었다. 자유로운 삶을 살며 화려한 예술 세계를 펼치다가, 목에 두른 스카프가 자동차 바퀴에 감겨 목이 졸리는 불의의 사고로 세상을 떠났다.

크리스마스 전날이었습니다. 선생님이 교실로 들어서며 소리쳤습니다.

"메리 크리스마스!"

아이들도 선생님 말을 앵무새처럼 따라했습니다.

"메리 크리스마스!"

선생님은 손에 바구니를 들고 있었습니다. 아이들은 일제히 바구니를 쳐다보았습니다.

선생님은 바구니를 교탁 위에 올려놓고 입을 열었습니다.

"여러분, 내일이 무슨 날이죠? 예수님이 태어나신 크리스마스죠? 크리스마스가 되면 산타클로스 할아버지가 어린이들에게 선물을 나누어 줘요. 예수님을 믿고 친구들과 사이좋게 지내는 착한 어린이가 되라고요. 올해도 산타클로스 할아버지는 여러분에게 좋은 선물을 주라고, 선생님에게 이 바구니를 맡겨 놓고 가셨어요. 바구니에 어떤 선물이 들어 있는지 함께 볼까요?"

선생님은 바구니를 열어 사탕과 과자를 꺼냈습니다. 아이들은 그것을 보고 침을 꿀꺽 삼켰습니다.

선생님은 사탕과 과자를 한 움큼씩 쥐어 아이들에게 나누어 주며 말했습니다.

"크리스마스 선물이에요. 산타클로스 할아버지가 주시는 거예요."

그런데 그때였습니다. 뒤쪽에 앉아 있는 여자아이가 벌떡 일어나 소리쳤습니다.

"선생님, 우리를 속이지 마세요. 산타클로스 같은 건 이 세상에 없잖아요."

순간, 선생님은 눈을 부릅뜨고 말했습니다.

"이사도라, 사탕과 과자를 받고 싶지 않니? 좋아. 사탕과 과자는 산타클로스 할아버지를 믿는 어린이에게만 주겠다."

"마음대로 하세요. 저도 그런 선물은 받고 싶지 않아요."

이사도라가 지지 않고 말하자 선생님은 화가 나서 소리쳤습니다.

"뭐, 뭐야? 선생님에게 말대꾸를 해? 앞으로 나와! 당장 꿇어앉아 손들어!"

이사도라는 선생님이 시키는 대로 앞으로 나갔습니다. 그런데 그 자리에 꿇어 앉는 대신, 아이들을 향해 큰 소리로 말했습니다.

"나는 거짓말을 믿지 않아! 산타클로스가 어디 있다고 그래? 엄마가 나한테 알려 줬어. 우리 집은 가난해서 산타클로스 노릇은 도저히 못하겠다고……. 산타클로스인 체하고 아이들에게 선물을 주는 건 돈 많은 엄마들이래."

결국 이사도라는 그날 선생님에게 혼나고 벌을 받았습니다.

집에 돌아와서도 화가 풀리지 않았습니다. 진실을 말했을 뿐인데, 선물을 받기는커녕 벌을 받았기 때문입니다.

이사도라는 학교에서 있었던 일을 어머니에게 털어놓고 이렇게 물어보았습니다.

"엄마, 내가 틀렸어? 산타클로스 따위는 이 세상에 없지? 그렇지?"

어머니는 고개를 끄덕였습니다.

"그래, 산타클로스 따위는 없어. 이사도라, 세상은 냉정하단다. 아무도 너를 도와주지 않아. 너 자신만이 너를 도와줄 뿐이란다. 알아듣겠니?"

"응, 엄마."

뒷날 현대 무용의 개척자로 이름을 떨치게 되는 이사도라 덩컨은 1877년 5월 27일, 미국 샌프란시스코의 바닷가 마을에서 태어났습니다. 2남 2녀 가운데 막내였습니다.

아버지 조셉 찰스 덩컨은 시인이자 은행가였습니다. 그는 자신이 운영하던 은행이 망하자, 아내와 이혼하고 가족 곁을 떠났습니다. 이사도라가 세 살 때의 일입니다.

어머니 메리 도라 그레이는 자식들을 돌보며 살림을 꾸려 가야 했습니다. 그는 학생 집을 찾아다니며 피아노 강습을 하거나 뜨개질을 했습니다. 하지만 벌이가 시원찮았기 때문에 늘 끼니를 걱정할 만큼 가난했습니다. 방세가 밀려 자주 이사를 다니기도 했습니다.

어느 날, 이런 일이 있었습니다.

작문 시간에 선생님이 말했습니다.

"오늘은 가족에 대해 글을 쓰겠어요. 가정 생활에 얽힌 이야기를 자유롭게 쓰세요."

선생님은 칠판에 '가족', '가정 생활'이라고 썼습니다. 아이들은 눈을 끔벅이며 무엇을 쓸까 궁리하더니, 저마다 노트에 글을 썼습니다.

"여러분, 다 썼나요? 다 쓴 사람은 노트를 내세요."

수업을 마치는 종소리가 울리자, 선생님은 작문 노트를 거두어 교무실로 가져갔습니다.

아이들의 글을 하나하나 살펴보던 선생님은 갑자기 눈꼬리가 올라갔습니다.

"이 녀석, 글을 써서 내라고 했더니 장난을 쳐?"

선생님은 이사도라의 작문 노트를 들여다보고는 씩씩거렸습니다. 이사도라가 쓴 글은 이런 내용이었습니다.

> 내가 다섯 살 때 우리 가족은 23번가의 허름한 집에 셋방을 얻어 살았다. 그렇지만 그 집에서는 오래 살지 못했다. 방세가 밀려 주인에게 내쫓기다시피 이사를 해야 했기 때문이다.
>
> 우리는 방세가 싼 17번가로 이사를 갔다. 그러나 그 집에서도 얼마 못 살고 이삿짐을 싸야 했다. 방세가 또 밀렸기 때문이다.
>
> 그 다음 이사한 곳은 22번가이다. 주인은 돈을 밝히는 사람이어서, 이사 온 지 얼마 안 되어 방세를 올려 달라고 요구했다. 할 수 없이 그 집에서 나와 10번가로 옮겼다…….

이사도라의 글은 이처럼 어디에서 어디로 이사했다는 내용으로만 채워져 있었습니다. 이렇게 자주 이사를 다니는 가족이 있으리라고는 상상조차 못했기에, 선생님은 순전히 장난으로 쓴 글이라고 생각한 것입니다.

"이사도라, 너는 왜 그렇게 삐딱하니? 당장 집에 가서 어머니를 모셔 와!"

선생님은 이사도라를 불러 야단을 치고는 어머니를 학교로 모셔오게 했습니다.

"어머니, 이런 말씀 드린다고 서운하게 생각하지 마십시오. 이사도라는 집에서 어떻게 배웠는지 버릇이 없어요. 수업 시간에 진지하지 않고 장난이나 치려고 드니 원……."

선생님은 이사도라의 작문 노트를 보여 주기 전에 이렇게 한바탕 늘어놓았습니다. 어머니는 차마 얼굴을 들지 못했습니다.

"죄송합니다. 제가 잘못 가르친 죄입니다. 용서해 주십시오."

"이사도라는 장난이 심한 것 같습니다. 제 말이 믿기지 않으시면 이 노트를 보십시오. 저를 곯려 줄 생각이었는지, 이런 엉터리 글을 태연히 써서 냈습니다. 기가 막혀서 말이 안 나오는군요."

선생님은 어머니 앞에 노트를 내밀었습니다.

어머니는 그 노트를 건네받아 이사도라의 글을 읽었습니다. 그리고는 갑자기 울음을 터뜨렸습니다.

선생님은 당황하여 어쩔 줄을 몰랐습니다.

"어머니, 왜 그러십니까? 진정하십시오."

"선생님, 죄송합니다. 이사도라가 쓴 글은 모두가 사실입니다. 우리 집안 형편을 그대로 적었어요."

어머니는 한참을 울고 나서 이렇게 말했습니다.

이사도라는 방세가 밀려 수십 번 이사를 다녔지만 언제나 당당했습니다. 가난하다고 해서 의기소침하거나 비참하게 여기지 않았습니다. 집 안에 먹을 것이 떨어지면 언제나 이사도라가 나섰습니다.

"엄마, 걱정하지 마세요. 제가 가게에 가서 외상을 얻어올게요."

이사도라는 쪼르르 고깃간으로 달려가 구두쇠 주인 아저씨를 만났습니다.

"아저씨, 안녕하세요? 제가 누군지 아시겠어요? 이 집 단골이 된 이사도라예요. 저는 아저씨네 가게에서 고기를 사 먹고 나서 동네방네 광고를 하고 다녀요. 우리 고장에서 이 집 고기가 제일 맛있으니 많이 이용해 달라고요. 그러니까 아저씨는 저를 일등 단골로 꼭 기억해 주셔야 해요. 아셨죠?

참, 내 정신 좀 봐! 고기를 사러 와서 수다만 늘어놓다니……. 양고기 갈비 두 근만 주세요. 그런데 아저씨, 죄송한 부탁을 해야겠네요. 아저씨네 양고기 갈비가 먹고 싶은데, 하필 집에 돈이 떨어질 게 뭐예요. 그래도 아저씨는 저를 일등 단골로 생각하실 테니 이번만은 외상을 주시겠죠? 저는 아저씨를 믿어요. 아저씨도 저를 믿어 주실 테니까요."

이사도라는 외상을 안 주기로 소문난 고깃간 주인을 구워삶아, 양고기 갈비 두 근을 외상으로 얻어왔습니다. 빵 가게, 식료품 가게에도 들러 외상을 얻어왔는데, 그는 주인을 설득하는 데는 남다른 재주가 있었습니다.

그뿐만이 아니었습니다. 이사도라는 물건을 파는 데도 기막힌 재주가 있었습니다.

어느 날, 어머니가 털실로 짠 양말과 장갑을 팔러 나갔다가 허탕을 치고 돌아오자, 이사도라는 어머니를 위로하며 말했습니다.

"엄마, 제가 다 팔아올 테니 걱정하지 마세요."

이사도라는 양말, 장갑 보따리를 짊어지고 행상에 나섰습니다. 집집마다 돌아다니며 물건을 팔았는데, 반나절 만에 다 팔아치워 어머니를 놀라게 했습니다. 어머니가 가게에서 받는 가격보다 두 배나 비싼 가격이었습니다.

이사도라는 나이에 비해 당차고 당돌했습니다. 무슨 일을 하든지 시원시원하고 거리낌이 없었습니다.

이사도라가 일곱 살 때는 이런 일이 있었습니다.

하루는 어머니가 피아노 강습을 나갔다가 집에 돌아와 보니, 이사도라가 자기보다 어린 아기들과 함께 있었습니다. 무엇을 하며 노나 했더니, 이사도라가 아기들에게 춤을 가르치는 것이었습니다. 이제 겨우 걸음마를 익힌 동네 아기들이었습니다. 이사도라는 누구에게 춤을 배운 적이 없었습니다. 그런데도 발나리를

휘두르며 춤이랍시고 가르치는 것이었습니다.

　어머니는 눈을 동그랗게 뜨고 지켜보다가 이사도라에게 물었습니다.

"애야, 아기들을 모아 놓고 뭐 하는 거니?"

"엄마, 무용 학교를 열었어. 파도에게 배운 춤을 꼬마들에게 가르치고 있어."

"파도에게 춤을 배워? 그게 무슨 말이니?"

　어머니는 의아스럽다는 표정으로 이사도라를 바라보았습니다.

이사도라는 생글생글 웃으며 대답했습니다.

"엄마가 피아노 강습을 가면 나는 해가 저물 때까지 바닷가에서 뛰어 놀았어. 파도는 언제나 내 앞에서 멋진 춤을 추었고, 나는 그 춤을 보고 배웠어."

뒷날 이사도라는 자신의 삶과 예술에 대해 말하며 이렇게 밝혔습니다.

나는 바닷가에서 태어났다. 내 삶도 예술도……. 평생 잊을 수 없는 일도 모두 바닷가에서 이루어졌다. 춤에 대한 처음 생각은 파도의 움직임에서 비롯되었다. 나는 학교라는 감옥에서 풀려나자 아주 자유로워졌다. 바닷가를 거닐며 혼자만의 환상을 쫓아다녔다. 이처럼 어린 시절부터 비롯된 거리낌없는 행동이 내 춤을 만드는 데 영감을 주었다. 나의 춤은 바로 그런 자유의 표현이라 할 수 있다.

이사도라는 일곱 살 때부터 무용 학교를 열기 시작했습니다. 이 학교는 날이 갈수록 인기가 높아져 무용을 배우겠다는 소녀들이 사방에서 모여들었습니다. 열 살 때에는 수강료를 내놓는 엄마들도 있었습니다.

이사도라는 자신만의 춤을 개발하고 아이들에게 무용을 가르치는 일이 즐겁고 재미있었습니다. 그래서 열한 살 때는 학교를 그만두고 무용에만 전념했습니다.
 이사도라는 정식으로 무용을 배운 적이 없었습니다. 머리에 떠오르는 대로 춤을 만들어 자신만의 춤을 추었습니다.
 어머니는 이사도라가 무용에 재능이 있음을 알았습니다. 그래서 어느 날 이사도라에게 말했습니다.
 "정식으로 무용을 배우지 않겠니? 내가 아는 부인이 네가 춤추는 모습을 보고 칭찬을 많이 하더라. 잘만 배우면 무용가로 성공할 수 있대. 그러면서 자기가 유명한 발레 선생님을 아는데, 그분을 너에게 소개해 주겠다는 거야."
 이사도라는 어머니의 권유로 샌프란시스코에 사는 발레 선생님을 찾아갔습니다.
 발레 선생님은 이사도라를 위아래로 훑어보더니 입을 열었습니다.
 "발레는 처음이지? 내 앞에서 발끝으로 서 보렴."
 이사도라가 물었습니다.
 "선생님, 무엇 때문에 발끝으로 서는 거죠? 저는 그 이유를 모르겠어요."
 "발레를 보지도 못했니? 그렇게 하면 아름다워 보이잖아."
 이사도라는 고개를 갸웃거렸습니다.

"딱딱하고 부자연스러운 동작을 하는데 그 모습이 아름답다고요? 오히려 자연에 어긋나는 일이고 추하지 않나요? 저는 체조 같은 그런 기계적인 춤은 추고 싶지 않아요."

이사도라는 이렇게 말하고 발레 선생님의 강습소에서 나와 버렸습니다.

발레는 춤으로 이야기를 전하고 어떤 분위기를 표현하거나 음악에 맞추어 공연하는 무용극을 말합니다. 발레의 모든 동작과 자세는 다섯 가지 기본 자세 가운데 하나로 시작하거나 끝납니다. 그리고 여자 무용수는 발끝으로만 걸어야 하며, 남자 무용수는 여자 무용수를 머리 위로 가볍게 들어올립니다. 줄거리가 있는 발레 공연에는 화려한 무대 장치를 배경으로 아름다운 음악이 펼쳐지는 가운데, 토슈즈를 신고 코르셋을 입은 무용수들이 여러 가지 연기를 보여 줍니다.

르네상스 시대인 15세기 이탈리아에서 생겨난 발레는 19세기까지 큰 인기를 누렸습니다. 춤이라고 하면 누구나 발레를 생각할 정도였습니다.

그러나 이사도라는 일정한 형식을 따라야 하는 발레에 대해 부정적인 생각을 갖게 되었습니다.

'발레는 부자연스러운 동작을 반복해서 보여 준다. 기계처럼 짜여진 움직임을 보면 답답하기만 하다. 동작이나 형식에 얽매이지 않고 자유로운 움직임을 통해 자신의 감정과 사상을 표현해야 하지 않을까?'

이사도라는 전통적인 무용인 발레에서 벗어나 자기만의 독특한 춤을 만들어야겠다고 생각했습니다.

'어린 시절 파도의 움직임에서 춤을 배웠듯이, 자연의 동작을 연구하여 춤으로 표현하는 거야. 그렇게 자연스러운 아름다움을 보여 주는 나만의 춤을 만들자.'

1898년 이사도라는 가족들을 모아 놓고 말했습니다.

"저는 꼭 무용가가 되겠어요. 우리 시카고로 가요."

이사도라는 시카고에서 무용가로 데뷔하겠다는 꿈을 가지고 있었습니다.

"좋아, 같이 가자. 시카고에서 네 꿈을 마음껏 펼쳐야 한다."

어머니는 바로 승낙했습니다. 그리하여 이사도라는 단돈 25달러를 들고 가족과 함께 시카고로 갔습니다.

이사도라는 시카고에 있는 극장들을 찾아다니며 일자리를 구했습니다. 그러나 이사도라를 무용수로 받아 주겠다는 극장은 하나도 없었습니다.

몇 주일이 후딱 지나가고 어느새 돈은 다 떨어졌습니다. 이제는 거리로 나앉을 판이었습니다.

'어떡하지? 당장 생활비를 구해야 해.'

이사도라는 한숨을 푹푹 쉬며 어느 극장을 찾아갔습니다. 극장 매니저는 이사도라의 말을 듣고 나서 거만하게 말했습니다.

"무용수가 되고 싶다? 일자리가 있긴 한데……. 주름치마를 입고 다리를 들어올리는 춤이라도 추겠소?"

이사도라는 몇 끼를 굶어 쓰러질 것 같았습니다. 그래서 그 자리에서 승낙하고 선불을 받았습니다.

이사도라의 공연은 성공이었습니다. 공연을 보려고 날마다 관객들이 몰려들었습니다.

일주일 공연이 끝나자 매니저가 말했습니다.

"계약을 연장합시다. 출연료는 두 배 더 드리지요."

"싫습니다. 이런 공연은 두 번 다시 하고 싶지 않습니다."

이사도라는 그 자리에서 거절하고 극장에서 나왔습니다.

이사도라가 그 다음 얻은 일자리는 뉴욕의 팬터마임 극단 배우였습니다. 그는 〈한여름밤의 꿈〉에서 요정이 되어 연기를 했습니다. 그러나 이런 공연은 이사도라의 욕구를 충족시켜 주지 못했습니다.

'팬터마임은 무언극이어서 그런지 꼭 꼭두각시 놀음 같아.'

팬터마임에 실망한 이사도라는 1899년 5월 유럽을 향해 떠났습니다. 여비가 모자라 여객선 대신 가축 수송선을 타고 온 가족이 영국 런던으로 갔습니다.

이사도라는 영국에 와서야 그 재능을 인정받았습니다. 런던의 이름난 예술가들 앞에서 자신의 춤을 선보였는데, 모두들 환호를 보낸 것입니다.

이사도라는 맨발로 자유롭게 춤을 추었습니다. 형식에 얽매이지 않는 아름다운 춤에 모든 사람이 열광했습니다. 이때부터 이사도라에게는 '맨발의 이사도라'라는 별명이 생겼습니다.

이사도라는 프랑스 파리에서도 공연을 하여 절찬을 받았으며, 유럽 순회 공연에 나서 빈, 부다페스트, 뮌헨 등지에서 대단한 성공을 거두었습니다.

이사도라는 이제 세계적인 무용가가 되었습니다. 그는 코르셋을 과감하게 벗어 던지고 새로운 무용을 선보여 세계 무용계에 충격을 주었습니다. 20세기 현대 무용은 이사도라로부터 시작되었습니다.

그러나 자유로운 삶을 살며 화려한 예술 세계를 펼쳤던 이사도라는 비극적인 최후를 맞이했습니다. 목에 두른 스카프가 자동차 바퀴에 감겨 목이 졸리는 사고로 세상을 떠난 것입니다. 그의 나이 50세였습니다.

이사도라는 무용을 통해 자유로운 정신 세계를 나타냈으며, 춤이 삶의 표현임을 보여 주었다는 평가를 받고 있습니다. 발레 등 형식을 강요하는 전통 무용에서 벗어나 창작 무용을 예술의 경지로 끌어올린 것입니다. 그리고 그 정신은 오늘날까지도 여전히 빛나고 있습니다.

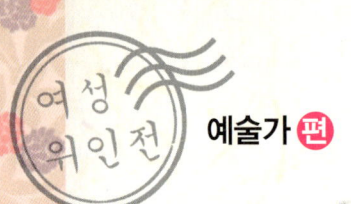

예술가 편

인종 차별을 뛰어넘은 20세기 최고의 성악가

마리안 앤더슨

1897~1993, 미국 필라델피아에서 가난한 흑인 부모에게서 태어났다. 이탈리아 출신의 음악가 보게티에게 성악을 배우고, 1925년 뉴욕 필하모닉 오케스트라와 협연하기 위한 경연 대회에서 우승을 차지했다. 그 후 유럽에서 성악을 공부했으며 1930년부터 1935년까지 스칸디나비아 지역의 여러 나라와 러시아, 남유럽 등을 돌며 공연을 하여 큰 성공을 거두었다. 1939년에는 워싱턴의 링컨 기념관에서 야외 음악회를 열어 절찬을 받았다. 1955년 베르디의 오페라 〈가면 무도회〉에 출연하여 뉴욕 시 메트로폴리탄 오페라 무대에서 노래한 최초의 흑인이 되었다.

흑인 소녀 마리안 앤더슨은 어머니 심부름을 가고 있었습니다. 어머니는 남의 집 빨랫감을 가져와 세탁을 했는데, 곱게 빨아 말려 놓은 옷가지를 마리안이 주인에게 가져다주는 것이었습니다. 골목길을 걷고 있던 마리안은 저도 모르게 걸음을 멈추고 귀를 기울였습니다. 어느 집에서 피아노 소리가 흘러나오고 있었습니다.

　'아름다운 곡이네. 누가 이렇게 피아노를 잘 치지?'

　마리안은 광주리를 옆구리에 낀 채 집 안을 기웃거렸습니다. 거실에는 피아노가 있고, 한 여인이 피아노 앞에 앉아 건반을 두드리고 있었습니다. 자기와 같은 흑인이었습니다.

　'너무 멋지네. 나도 저 사람처럼 피아노를 치면 얼마나 좋을까.'

　마리안은 부러움이 가득한 눈길로 여인을 하염없이 보았습니다.

　마리안은 아홉 살이었습니다. 초등학교에 다니는 어린 나이이지만, 음악을 몹시 좋아했습니다. 이미 일곱 살 때부터 자기가 다니는 교회인 유니언 침례 교회 성가대원으로 활동하고 있었습니다.

'부모님께 피아노를 사 달라고 졸라 볼까?'

마리안은 이내 고개를 저었습니다. 가난한 집안 형편에 피아노를 산다는 것은 어림없는 일이었습니다. 아버지가 시장 냉동실에서 얼음 배달을 하고, 어머니가 삯빨래를 하고 있지만 늘 생활이 어려웠습니다.

음악을 좋아하는 마리안이 노래를 즐겨 부르는 것도, 노래는 악기가 필요 없기 때문이었습니다.

그러나 얼마 뒤에 마리안에게도 피아노가 생겼습니다. 마리안의 할아버지 댁에는 오래된 낡은 피아노가 있는데, 아무도 치는 사람이 없다고 마리안의 집에 보내 준 것입니다.

"와아, 피아노다!"

마리안의 집에 피아노를 실은 차가 도착하자, 동네 아이들이 우르르 모여들었습니다. 당시만 해도 피아노는 그리 흔한 악기가 아니었습니다. 마리안은 너무 좋아 날아갈 것만 같았습니다.

"마리안, 피아노를 한번 쳐 보겠니?"

아버지는 피아노를 방 안에 옮겨 놓고는 인자한 목소리로 말했습니다. 그러나 마리안은 이제까지 피아노를 친 적이 없었습니다. 아무렇게나 손가락을 놀려 멜로디 없는 소리를 울릴 뿐이었습니다.

'피아노곡을 치려면 레슨을 받아야 하는데……'

그러나 마리안의 집은 피아노 레슨을 받을 만한 형편이 아니었습니다. 어머니가 이런 사정을 알고 악보를 적은 카드를 만들어 건반 뒤에 세워 주었습니다. 그래서 악보를 보고 건반을 쳐서 간단한 찬송가 반주는 할 수 있게 되었습니다.

어느 날, 마리안은 거리를 지나가다가 전당포 진열장에 놓여 있는 바이올린을 보았습니다. 바이올린에는 '3달러 98센트'라는 가격표가 달려 있었습니다.

'피아노보다는 바이올린이 더 근사해. 지난번에 교회에 합주단이 왔을 때 멋진 바이올린 소리를 들었잖아. 아름다운 그 소리는 지금도 잊을 수가 없어.'

마리안은 전당포의 바이올린에 넋을 빼앗겼습니다. 그래서 그 날부터 바이올린 살 돈을 모으기 시작했습니다. 동네 사람들의 심부름을 하여 수고비를 받고, 용돈을 쓰지 않고 챙겨 두었습니다. 그렇게 한 달 이상 애쓴 결과, 4달러를 모을 수 있었습니다.

'이제 됐어. 바이올린을 사러 가자.'

마리안은 사촌 오빠를 앞세우고 전당포로 갔습니다. 마리안 혼자 가면 너무 어리다고 바이올린을 팔지 않을 것 같아서였습니다.

마리안은 돈을 주고 바이올린을 넘겨받았습니다.

"아저씨, 이 바이올린 진짜 좋은 거예요?"

사촌 오빠가 묻자 전당포 주인은 자신 있게 대답했습니다.

"중고품이긴 해도 아직 쓸 만해. 최고의 바이올린 회사에서 만든 제품이라더라."

그러나 전당포 주인의 말과는 달리 바이올린은 별로 쓸모가 없었습니다. 산 지 얼마 안 되어 줄이 뚝 끊어지더니 더 이상 쓸 수 없게 형편없이 망가져 버렸습니다.

이리하여 마리안은 피아노와 바이올린에 대한 흥미를 잃어버렸습니다. 이제 관심을 갖는 것은 노래뿐이었습니다. 교회 성가대 활동을 더욱 열심히 하여 날이 갈수록 노래 실력이 늘었습니다.

마리안이 열한 살이 되는 해에 집안에 불행이 닥쳤습니다. 사고로 머리를 다친 아버지가 크리스마스 무렵에 세상을 떠난 것이었습니다.

미국 펜실베이니아 주 필라델피아에서 태어난 마리안은 세 딸 가운데 맏이였습니다. 그는 아버지 장례를 치른 뒤 가족들과 할아버지 댁이 있는 피츠버그 가로 이사했습니다.

할아버지 댁에는 할머니, 숙모, 사촌 등 식구들이 많았습니다.

그런데 마리안네 가족이 함께 살게 되었으니 안 그래도 비좁은 집이 항상 북적거렸습니다.

마리안의 어머니는 세 딸을 기르기 위해 닥치는 대로 일했습니다. 아무리 힘들고 고단해도 불평 한마디 하지 않았습니다.

마리안은 고생하는 어머니를 보니 마음이 아팠습니다.

'돈을 벌어 어머니를 도와드려야 해. 내가 하루빨리 취직하려면 상업학교에 가서 속기와 부기를 배우는 게 좋겠지?'

마리안은 음악가가 되겠다는 꿈은 잠시 접어 두었습니다. 그 대신 취직을 위해 윌리엄 펜 상업학교에 진학했습니다. 그러나 마리안에게 속기와 부기는 적성에 맞지 않았습니다. 그 시간만 되면 재미가 없어 하품만 나왔습니다. 하지만 음악 시간이 되면 마리안은 물 만난 고기였습니다. 누구보다 즐겁고 신나게 노래를 불렀습니다.

하루는 학교에 시찰단이 찾아왔습니다.

"마리안, 교장 선생님이 찾으셔."

"무슨 일이지?"

마리안은 전달을 받고 교장실로 갔습니다.

교장 선생님이 말했습니다.

"이 학생이 우리 학교에서 노래를 제일 잘 부릅니다. 마리안, 시찰단 선생님들을 위해 노래를 불러 주겠니?"

　마리안은 뜻밖의 제의를 받고 조금 놀랐습니다. 하지만 노래만큼은 자신이 있었습니다. 학교에서 무슨 행사가 있으면 독창은 도맡아 해 왔기 때문입니다.

　마리안은 평소와 다름없이 멋지게 노래를 불렀습니다. 그러자 시찰단 사람들은 깜짝 놀라는 표정을 지었습니다.

　"이 학교에 이처럼 노래를 잘하는 학생이 있었습니까? 아깝군요. 이런 학생이 속기와 부기를 배워야 하다니……."

"정말 그래요. 저렇게 훌륭한 목소리를 가진 학생은 음악 공부를 시켜야 합니다. 그러면 틀림없이 우리나라에서 손꼽히는 성악가가 될 것입니다."

시찰단 사람들은 흥분된 목소리로 저마다 한 마디씩 했습니다.

"이 학생은 가정 형편이 어려워서 상업학교에 입학했어요. 대부분의 학생들이 그렇지요. ……마리안, 네 생각은 어떻니? 음악 공부를 하고 싶니?"

교장 선생님의 질문에 마리안은 선뜻 대답을 못하고 있다가 고개를 끄덕였습니다. 그러자 시찰단 가운데 한 사람이 말했습니다.

"이렇게 하는 게 어떨까요? 이 학생을 다른 학교로 전학을 보내는 거예요. 인문계 학교에서는 예술에 재능이 있는 학생에게 학비도 면제해 주고 음악 담당 선생님이 특별 지도도 하거든요."

"오, 그 방법이 좋겠군요."

그 자리에 있던 사람들은 모두 찬성했습니다. 그래서 마리안은 윌리엄 펜 상업학교에서 사우스 필라델피아 중학교로 전학을 가게 되었습니다.

이 학교 교장은 루시 윌슨 선생님이었습니다. 그는 마리안을 따뜻하게 맞아주었습니다.

"음악 공부를 하려고 우리 학교로 옮겼다지? 열심히 공부해라. 우리가 힘닿는 데까지 도와주마."

"교장 선생님, 고맙습니다."

마리안은 학교에서 음악 담당 선생님께 노래 지도를 받았습니다. 이 학교에서도 노래 실력은 단연 마리안이 으뜸이었습니다.

마리안은 일요일에는 교회에 나가 성가대 활동을 했습니다. 그리고 흑인 합창단인 필라델피아 합창단에 들어가 노래를 불렀습니다. 이때 마리안이 만난 사람이 로랜드 헤이스라는 흑인 테너 가수였습니다. 헤이스는 마리안의 노래를 듣고 입이 쩍 벌어졌습니다.

"굉장하구나. 성악 레슨만 받으면 훌륭한 성악가가 되겠어."

그러나 마리안의 주위에는 성악 레슨을 해줄 만한 선생님이 없었습니다. 이런 처지를 딱하게 여긴 헤이스는 마리안이 초청받아 노래를 부를 만한 교회나 지방 단체를 소개해 주었습니다. 마리안은 여러 도시를 다니며 노래를 불러 돈을 벌었습니다. 어느 곳이든 가서 노래를 부르면 5달러 이상의 돈을 사례금으로 주었기 때문입니다.

'나는 장차 성악가가 되고 싶어. 그러려면 정규 음악 학교에 들어가 정식으로 음악 공부를 해야 하지 않을까?'

마리안은 이런 생각을 하며 자신의 앞날에 대하여 깊이 고민했습니다. 그러던 중 필라델피아의 어느 음악 학교에서 신입생을 모집한다는 광고를 보았습니다.

'내 형편으로는 음악 학교에 다닐 수 없겠지만 일단은 시험이나 치러 보자. 나머지 일은 합격한 뒤에 생각하기로 하고……'

마리안은 입학 원서를 접수하는 날, 음악 학교를 찾아갔습니다. 접수 창구 앞에는 많은 사람들이 줄을 지어 길게 늘어서 있었습니다. 마리안도 부푼 가슴을 안고 그 줄 끄트머리에 붙어 섰습니다. 오랜 시간 기다린 끝에 마리안의 차례가 되었습니다. 창구 안에 앉아 있는 백인 여자는 마리안의 얼굴을 흘긋 보고는 차갑게 내뱉었습니다.

"우리 학교에서는 흑인 학생은 뽑지 않습니다."

그러더니 마리안 뒤에 서 있는 백인 학생의 접수를 받았습니다. 마리안은 눈물이 핑 돌았습니다.

'흑인이라서 입학 시험도 볼 수 없다니……. 피부색이 다르다는 이유만으로 사람을 이렇게 차별해도 되는 것일까? 하느님은 모든 사람을 똑같이 만드셨는데……'

마리안은 흑인과 백인이 사이좋게 어울려 사는 동네에서 자라났습니다. 따라서 인종 차별을 받기는 난생 처음이었습니다.

마리안은 뒷날 이때의 일을 떠올리며 '얼음처럼 차갑고 무시무시한 손이 내 어깨 위에 올려진 듯했다.'라고 밝혔습니다.

마리안은 눈물을 펑펑 흘리며 집으로 돌아왔습니다. 어머니는 마리안을 안아 주며 부드럽게 말했습니다.

"마리안, 너무 실망하지 마라. 음악 학교에 들어가지 않아도 음악 공부를 할 방법이 있을 거야."

마리안은 어머니의 격려를 받고 용기를 얻었습니다. 학교를 졸업할 무렵에는 어머니의 말대로, 음악 학교에 들어가지 않아도 음악 공부를 할 방법을 찾았습니다.

어느 날, 루시 윌슨 교장 선생님이 마리안을 불러 말했습니다.

"마리안, 주세페 보게티라는 분을 찾아가거라. 이분은 이탈리아 출신의 음악가인데, 우리나라에서는 첫손 꼽히는 성악 지도 교사란다."

마리안은 교장 선생님의 소개로 보게티를 만났습니다. 보게티는 찔러도 피 한 방울 나오지 않을 것처럼 차가운 인상이었습니다. 그는 무뚝뚝한 목소리로 말했습니다.

"나는 몹시 바쁜 사람이야. 루시 윌슨 교장 선생님이 하도 간곡하게 부탁해서 너를 만나 준 것이니 어서 노래나 불러 봐라."

"예, 선생님."

마리안은 보게티 앞에 두 손을 가지런히 모으고 눈을 감았습니다.

'노래를 잘 불러야 해. 최고의 선생님에게 성악을 배울 수 있는 절호의 기회야.'

마리안은 긴장이 되고 가슴이 떨렸습니다. 하지만 마음을 가라앉히고 숨을 고른 다음, 〈깊은 강〉이라는 흑인 영가를 부르기 시작했습니다. 마리안이 가장 즐겨 부르는 노래였습니다.

노래를 끝낸 마리안은 보게티를 쳐다보았습니다. 보게티는 입가에 미소를 띠고 있었습니다.

"좋아. 네게 성악 지도를 해 주지. 2년만 배우면 성악가로 이름깨나 날리게 될 거야. 그런데 나한테 배우려면 수업료를 내야 해."

마리안은 보게티의 말을 듣고 눈앞이 캄캄했습니다.

'비싼 수업료를 어디서 구하지? 아, 돈이 없으면 성악을 배울 수도 없구나.'

마리안은 온몸에 기운이 쭉 빠졌습니다.

"수업료 걱정은 하지 마라. 교회에서 네 수업료를 마련하기 위한 자선 음악회를 열도록 할게."

로랜드 헤이스와 교장 선생님이 나서서 자선 음악회를 열어 주었습니다. 그리하여 500달러의 기금이 모아져 마리안은 보게티에게 성악을 배우게 되었습니다.

보게티는 과연 능력 있는 선생님이었습니다. 마리안 노래의 문제점을 찾아내 바르게 고쳐 주었으며, 고전 성악곡뿐 아니라 오페라에서 부르는 아리아까지 가르쳐 주었습니다.

마리안은 보게티의 지도 덕분에 실력이 부쩍 늘었습니다. 이제는 누구에게나 노래를 잘 부른다는 소리를 듣게 되었습니다.

어느 날, 보게티가 말했습니다.

"마리안, 이번에 뉴욕 시에 있는 루이전 스타디움에서 뉴욕 필하모닉 오케스트라와 협연하기 위한 경연 대회가 있단다. 너도 참가를 하렴."

"알겠어요, 선생님."

1925년 마리안은 보게티의 권유로 경연 대회에 참가했습니다. 예선이 열리는 경연장에 와 보니 300명이 넘는 참가자들이 자리를 가득 메우고 있었습니다. 마리안은 기가 질려 벌벌 떨었습니다. 그러자 보게티가 마리안에게 귀엣말을 했습니다.

"떨지 마라. 평소에 연습한 대로만 하면 돼. 징소리가 울려도 모르는 척 끝까지 노래를 불러."

심사위원들이 300명이 넘는 참가자들의 노래를 끝까지 들을 수는 없었습니다. 실력이 모자란다 싶으면 징을 쳤습니다. 징소리가 울리면 참가자는 노래를 중단하고 무대에서 내려와야 했습니다.

몇 시간이 지나 마리안의 차례가 되었습니다. 마리안은 무대로 나가 도니제티의 〈오, 나의 페르디난도여〉를 불렀습니다.

'징소리가 울리면 어쩌지?'

이런 걱정이 머리를 쳐들었지만 노래가 끝날 때까지 징소리는 울리지 않았습니다. 끝까지 노래를 다 부른 사람은 마리안이 처음이었습니다.

'휴, 다행이다.'

마리안은 안도의 한숨을 내쉬고 무대에서 내려오려고 했습니다. 그런데 이때 심사위원 한 사람이 소리쳤습니다.

"무대에 그대로 계세요. 노래를 한 곡 더 불러 주실래요?"

뜻밖의 제의를 받고 마리안은 조금 놀랐습니다. 하지만 마음을 가라앉히고 자신이 잘 부르는 흑인 영가 한 곡을 불렀습니다. 그러자 심사위원들은 고개를 끄덕이더니 자기들끼리 귀엣말을 주고받았습니다.

드디어 예선 결과가 발표되었습니다. 준결승에 오르는 16명 가운데 마리안의 이름도 들어 있었습니다. 보게티는 마리안의 어깨를 두드려 주었습니다.

"잘했어. 준결승전에서도 좋은 성적을 거두어 결승전에 올라야지."

며칠 뒤 뉴욕의 에오리안 홀에서 준결승전이 열렸습니다.

자기 순서를 기다리던 마리안은 얼굴을 찡그리며 보게티에게 말했습니다.

"선생님, 큰일 났어요. 귀가 아파요."

"뭐, 뭐라고? 언제부터 귀가 아프니?"

"아침부터요. 아파도 참고 있었는데, 점점 더 아파 오네요. 이 대회를 앞두고 노래 연습을 할 때, 연습이 끝나면 수영장에 가서 꼭 수영을 했거든요. 그때 귀에 물이 들어간 모양이에요. 귓병에 걸렸나 봐요."

"야단났구나. 어느 정도 아프니? 귀는 잘 들리니?"

"너무 아파서 귀가 찢어지는 것 같아요. 듣는 것은 괜찮지만……."

"그럼 아파도 참아라. 다음이 네 순서이니 눈을 질끈 감고 끝까지 노래를 하는 거야. 내 말 알아듣겠니?"

"예, 선생님……."

마리안은 이를 악물고 무대에 올랐습니다. 그리고 눈을 감은 채 〈오, 나의 페르디난도여〉와 다른 노래 두 곡을 불렀습니다.

귀는 찢어지는 듯 아팠지만, 마리안은 실수 없이 노래를 끝까지 잘 불렀습니다. 16명이 노래를 다 부르자, 이윽고 심사 결과가 발표되었습니다. 결승에는 네 명이 오르는데, 마리안 혼자 결승에 올랐습니다. 따라서 결승전은 열리지 않고 마리안이 우승자로 결정되었습니다.

"마리안, 축하한다. 아픔을 무릅쓰고 노래를 불러 우승을 차지하다니……. 나는 네가 자랑스럽다."

보게티는 마리안을 얼싸안으며 크게 기뻐했습니다.

그 후 마리안은 뉴욕 필하모닉 오케스트라와 뉴욕 시 루이전 스타디움에서 협연을 했습니다. 1925년 8월 26일 열린 이 공연은 많은 사람들에게 주목을 받았습니다.

'이제부터는 이런저런 공연에 초대되고, 성악가로서 활발하게 활동할 수 있겠지.'

마리안은 이런 기대를 했지만 결과는 그렇지 못했습니다. 흑인이라는 이유로 그가 초대된 곳은 남부의 흑인 교회나 대학 순회 공연뿐이었습니다. 그리고 공연장을 찾아오는 것은 거의 다 흑인들이었습니다. 당시 미국은 인종 차별이 심해 음악 활동에 제약이 많았습니다. 그래서 마리안은 인종 차별이 별로 없는 유럽에 진출하기로 했습니다. 유럽에서 음악 공부도 하고 음악 활동도 하기로 한 것입니다.

마리안 앤더슨은 1930년부터 1935년까지 스칸디나비아 지역의 여러 나라와 러시아, 남유럽 등을 돌며 공연을 하여 큰 성공을 거두었습니다. 1935년 오스트리아 잘츠부르크 공연에서는 세계적인 지휘자 토스카니니로부터 이런 말을 들었습니다.

"당신 목소리는 대단히 훌륭하군요. 백 년에 한 사람 있을까 말까 한 아름다운 목소리예요."

1935년 12월, 마리안 앤더슨은 미국 뉴욕으로 돌아와 타운 홀에서 공연을 했습니다. 이때 그는 미국으로 돌아오는 배 안에서 발을 다쳐, 휠체어에 앉아 노래를 불렀습니다. 그러나 그의 노래는 청중들을 단번에 사로잡았습니다. 공연은 대성공이었습니다.

〈뉴욕 타임스〉 신문은 마리안 앤더슨의 공연에 대한 비평을 실어 칭찬을 아끼지 않았습니다.

……솔직히 이야기해 보자. 마리안 앤더슨은 우리 시대 최고의 성악가가 되어 조국에 돌아왔다.

마리안 앤더슨이 전 세계를 돌며 공연을 하다가 미국으로 완전히 돌아온 것은 1939년이었습니다.

이 해 3월, 마리안 앤더슨은 미국의 수도인 워싱턴에서 공연을 하기로 했습니다. 공연을 주최한 곳은 하워드 대학이었습니다.

"이번 공연에는 청중들이 엄청나게 몰려올 거예요. 많은 사람을 수용할 수 있는 콘스티튜션 홀을 빌려야겠어요."

그러나 이 계획은 어려움에 부딪쳤습니다. 콘스티튜션 홀을 소유하고 있는 '미국 혁명의 딸들(D. A. R)'이라는 여성 단체에서, 콘스티튜션 홀을 빌려 주지 않겠다고 한 것입니다.

"콘스티튜션 홀은 백인만이 사용할 수 있는 건물입니다. 마리안 앤더슨뿐만 아니라 그 어떤 흑인도 우리 건물을 사용할 수 없습니다."

이런 사실이 알려지자 흑인들이 들고 일어났습니다.

"흑인이어서 건물을 빌려 줄 수 없다니요? 이것은 분명히 인종 차별입니다."

흑인들뿐 아니라 의식 있는 백인들도 잘못된 인종 차별에 항의했습니다. 당시 미국 대통령이었던 루스벨트의 부인 엘리너 루스

벨트는 항의의 표시로 '미국 혁명의 딸들' 단체에서 탈퇴했습니다. 그리고 유명한 음악가들은 콘스티튜션 홀에서는 공연을 하지 않겠다고 선언하기도 했습니다.

1939년 4월 19일은 부활절이었습니다. 워싱턴의 링컨 기념관에서는 야외 음악회가 열렸습니다. '미국 혁명의 딸들'의 인종 차별에 항의하는 뜻으로 가진 음악회였습니다.

이 자리에는 7만 5천여 명의 청중이 모여들었으며, 마리안 앤더슨은 이들 앞에서 노래를 불렀습니다. 이 공연은 라디오로도 중계되었기에 수백만 명이 마리안 앤더슨의 노래를 들은 셈이었습니다.

마리안 앤더슨은 감격스러워 눈물을 흘렸습니다. 인종 차별의 벽을 허물어뜨리는 위대한 음악회였습니다.

1941년 마리안 앤더슨은 자신의 고향인 필라델피아 시 의회로부터 상을 받았습니다. 가장 훌륭한 필라델피아 시민에게 주는 복크 상이었습니다. 상금은 1만 달러였습니다.

"이 상금으로 민족과 인종과 계급의 차별 없이 예술을 위해 힘쓰는 젊은이들을 돕고 싶습니다."

마리안 앤더슨은 이렇게 자신의 소망을 밝힌 뒤, 돈을 좀더 보태 앤더슨 상을 만들었습니다. 그리하여 젊은 성악가 10여 명에게 이 상이 주어졌습니다.

마리안 앤더슨에게는 한 가지 소원이 있었습니다. 바로 오페라에서 노래를 해 보는 것이었습니다. 당시만 해도 인종 차별이 심해 흑인 성악가는 오페라 출연을 금하고 있었습니다.

그러나 마리안 앤더슨은 오페라에서의 인종 차별의 벽도 과감하게 무너뜨렸습니다. 1955년 베르디의 오페라 〈가면 무도회〉에서 울리카 역으로 출연하였던 것입니다. 이로써 그는 뉴욕 시 메트로폴리탄 오페라 무대에서 노래한 최초의 흑인이 되었습니다.

마리안 앤더슨은 1952년과 1959년 우리나라에 와서 공연을 했으며, 1965년 고별 공연을 마치고 현역에서 은퇴했습니다.

마리안 앤더슨은 1993년 4월 8일, 미국 오리건 주 포틀랜드에서 세상을 떠났습니다.

그는 인종 차별을 뛰어넘은 위대한 성악가였습니다. 그러나 '위대해지기 전에 겸손하라'는 어머니의 교훈을 평생 잘 지킨 아름다운 여성이었습니다.

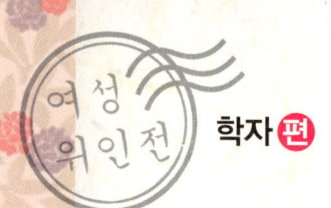

19세기의 위대한 수학자

소피아 코발레프스카야

1850~1891, 러시아에서 태어나 독일 하이델베르크 대학에서 공부하고, 1871년부터 베를린에서 세계적인 수학자인 카를 바이어슈트라스 밑에서 수학을 연구했다. 이 연구 논문으로 1874년 괴팅겐 대학에서 수학 박사 학위를 받았으며, 1883년 스웨덴의 스톡홀름 대학에 수학 강사로 임명되었다가 5년 뒤에 수학 교수로 임명되었다. 1888년에는 프랑스 과학 아카데미에 제출한 논문으로 프랑스 최고 과학상인 보르당 상을 받았다. 젊은 나이에 세계적인 수학자가 되었고, 자신의 어린 시절을 그린 소설 〈어린 시절의 추억〉의 작가로서도 러시아에서 상당한 명성을 얻었다.

"**저 아이** 소피아 말이야, 사실은 나 혼자서 키웠어. 다른 식구들은 소피아를 귀찮아 하거든. 저 아이 언니인 아뉴타가 태어났을 때는 아버지, 어머니는 물론이고 친척들까지 좋아했지. 이 집안에서 첫 아이가 태어났다고 말이야. 그래서 온 동네가 떠들썩하게 잔치를 베풀었지. 그렇지만 소피아가 태어났을 때는 그렇지 않았어……."

소피아를 돌보는 유모는 한밤중에 소피아가 잠이 들자 다른 하인에게 소피아에 대해 신나게 떠들어 댔습니다.

그러나 이때 소피아는 깨어 있었습니다. 겨우 다섯 살이었지만 잠든 체하고 유모의 말에 귀를 기울였습니다.

"아뉴타는 소피아보다 일곱 살이나 많아. 그러니까 둘째인 소피아를 무려 7년 만에 낳은 거지. 그랬으니 주인님이나 마님이나 소피아가 아들이기를 얼마나 간절히 바랐겠어? 하지만 또 딸이었으니 실망이 이만저만 크지 않았지. 마님은 소피아를 낳았을 때 딸이라는 말을 듣고는 어떻게 했는지 알아? 아기에게 눈길 한 번 주지 않았어.

한마디로 말해서 소피아는 잘못 태어난 아이야. 아뉴타처럼 첫째로 태어났으면 귀여움깨나 받았을 텐데, 둘째 딸로 태어나서 찬밥이 되어 버렸지.

이 집에서 가장 사랑받는 아이는 셋째인 페도르야. 소피아를 낳은 지 5년 만에 얻은 아들이지. 10여 년을 기다렸다가 낳은 아들이니 얼마나 소중하고 귀엽겠어?"

소피아는 유모의 말을 듣고 눈물을 흘렸습니다.

'나는 잘못 태어난 아이로구나. 부모님은 물론 누구한테서도 사랑받지 못하고 있어.'

소피아는 스스로 축복받지 못한 불행한 아이라고 생각했습니다. 이런 생각은 그를 수줍음을 타는 소극적인 아이로 만들었습니다.

소피아는 어머니를 보면 동생처럼 쪼르르 달려가 어머니의 품에 안겨 뽀뽀를 하지 못했습니다. 어머니와 눈도 마주치지 못하고 방구석에 웅크리고 앉아 있을 따름이었습니다.

어쩌다 한번 용기를 내어 어머니의 품에 안기면 꼭 야단맞을 일이 생겼습니다. 너무 긴장한 나머지 어머니의 새 옷을 구기거나 찢고 더럽히게 되기 때문입니다.

"너는 왜 하는 짓이 그 모양이니? 어린 동생만도 못하다니까."

꾸중을 듣고 나면 더욱 움츠러들 수밖에 없었습니다.

이렇게 내성적이고 수줍음 많은 아이가 뒷날 수학 분야에 큰 업적을 남기고, 세계 최초로 대학의 여성 교수가 되는 소피아 코발레프스카야입니다.

소피아는 1850년 1월 15일, 러시아의 모스크바에서 태어났습니다. 아버지 크루코프스키는 포병 수비대 사령관을 지낸 포병 대령이고, 어머니 엘리자베타 페도로브나는 피아노를 잘 치는 음악가였습니다.

1852년 아버지는 장군으로 진급했으며, 1855년부터 칼루가 지역에서 근무했습니다. 3년 뒤인 1858년 아버지는 군대에서 물러났습니다. 소피아의 가족은 아버지의 영지가 있는 벨라루시 근처의 팔리비노로 이사했습니다.

팔리비노 영지는 울창한 숲과 과수원, 목장 등이 있는 수만 평에 이르는 땅이었습니다. 거기에는 정원이 딸린 수백 평의 대저택이 있었습니다.

소피아는 신바람이 났습니다. 넓은 영지를 마음껏 뛰어다니며 아뉴타 언니와 신나게 놀았습니다.

　소피아를 돌보는 것은 갓난아기 때부터 그를 키운 유모였습니다. 아뉴타에게는 공부를 가르치는 프랑스 인 가정교사가 있었습니다. 유모와 가정교사는 두 자매를 집 안에 붙잡아 두지 못했습니다. 다람쥐처럼 잘도 돌아다니기 때문에, 두 자매가 하는 대로 내버려 두었습니다.

　그러던 어느 날, 드디어 사건이 터졌습니다. 소피아와 아뉴타가 놀러 나갔다가 저녁이 되어도 돌아오지 않는 것이었습니다. 늘 서재에 있는 아버지 크루코프스키가 뒤늦게 이 사실을 알고 불같이 화를 냈습니다.

"이 녀석들이 어디로 간 거야? 온종일 고삐 풀린 망아지처럼 돌아다니게 내버려 두면 어떡해?"

크루코프스키는 하인들을 풀어 숲 속에 있는 자매를 찾아냈습니다. 소피아와 아뉴타는 산토끼를 잡는다고 그 뒤를 쫓고 있었습니다. 두 아이는 하인들에게 붙잡혀 크루코프스키 앞으로 끌려왔습니다.

"이 녀석들, 배도 고프지 않니? 온종일 숲 속에서 뛰어놀면 어떡하니?"

소피아가 말했습니다.

"배고프진 않아요. 산딸기를 따 먹으면 되거든요."

"뭐라고? 더러운 산딸기를 씻지도 않고 먹었단 말이야? 그러다가 배탈이라도 나면 어쩌려고 그래?"

"한 번 배탈이 난 적이 있어요. 산딸기를 먹고 탈이 나서 며칠 동안 배가 아팠어요. 하지만 지금은 산딸기를 먹어도 괜찮아요."

"뭐야? 그게 사실이냐?"

크루코프스키는 화가 머리끝까지 났습니다.

"유모와 가정교사는 뭐 하고 있는 거야? 아뉴타는 한창 공부해야 할 때인데 제멋대로 놀러 다니게 해?"

크루코프스키는 아뉴타가 어느 정도 배웠는지 테스트를 해 보았습니다. 그랬더니 16세나 되었는데도 아는 것이 별로 없었습니다.

성이 난 크루코프스키는 프랑스 인 가정교사를 집에서 쫓아내고, 유모는 세탁실로 보내 버렸습니다. 그러고는 두 자매를 가르칠 새로운 가정교사를 데려왔습니다. 폴란드에서 온 남자 가정교사 말레비치와 영국 사람인 여자 가정교사 스미스입니다.

소피아를 맡은 스미스는 엄격한 선생님이었습니다. 소피아를 동네 아이들과 어울려 놀지 못하게 했으며, 생활 계획표에 따라 하루를 보내게 했습니다. 따라서 소피아는 날마다 아침에 일어나면 냉수 마찰을 하고, 나무가 우거진 숲을 산책해야 했습니다.

이때는 스미스 선생님이 반드시 함께했습니다. 그러지 않으면 소피아가 지난번처럼 제멋대로 숲 속을 돌아다닐지도 모르기 때문입니다.

"산책은 건강에 좋은 거야. 알겠니?"

스미스 선생님은 소피아가 지겨워하면 꼭 이런 말을 덧붙였습니다.

어느 날 아침, 놀라운 일이 벌어졌습니다. 소피아와 스미스 선생님은 산책을 하다가 숲 속에서 커다란 곰과 마주쳤습니다. 새끼 두 마리를 거느린 암곰이었습니다.

"크아앙!"

"으아악!"

기절할 듯이 놀란 스미스 선생님은 비명을 질렀습니다. 그러고는 걸음아 날 살려라, 하고 달아났습니다. 소피아도 놀라 그 뒤를 따랐습니다. 하지만 스미스 선생님이 산책을 지독히도 시켰기 때문에 이런 일을 당하는 것이 한편으로 통쾌했습니다.

'헤헤, 내일부터는 아침에 산책하자고 하지 않겠지?'

그러나 소피아의 예상은 빗나갔습니다. 스미스 선생님은 다음 날 아침부터는 산책할 때 하인을 꼭 데려가고, 다른 길을 산책로로 잡았던 것입니다.

소피아는 어려서부터 배우려는 마음이 강했습니다. 그래서 여섯 살 때에는 글을 배우려고 무진 애를 썼습니다.

소피아는 아버지가 보고 난 신문을 펼쳐 들고 몇 시간을 씨름했습니다.

'여기 모르는 글자가 있네. 이 글자가 뭐지?'

소피아는 모르는 글자가 보이면 집안에 있는 어른들을 붙잡고 그 뜻을 물었습니다. 하도 귀찮게 물어 보아 소피아가 신문을 들고 나타나면 모두 꽁무니를 뺄 정도였습니다. 이렇게 해서 소피아는 일찍 글을 깨칠 수 있었습니다.

아버지는 처음에 소피아가 신문을 줄줄 읽는 것을 보고 이런 생각을 했습니다.

'소피아는 아직 어린데 설마 글을 깨우쳤겠어? 누가 소피아에

게 신문에 있는 몇 개 문장을 외우게 했겠지.'

그러나 아버지는 소피아가 신문의 어느 부분이든 척척 읽는 것을 보고 깜짝 놀랐습니다.

'그게 아니네. 소피아는 완전히 글을 깨쳤어!'

아버지는 소피아가 자기를 닮아 머리가 좋다며 무척 흐뭇해했습니다.

어린 시절, 소피아에게 가장 큰 영향을 미친 사람은 큰아버지인 페트르였습니다. 그는 책을 좋아할 뿐 아니라 자기가 읽은 내용을 남들에게 이야기해 주는 것도 좋아했습니다. 이때 페트르의 이야기를 열심히 들어 준 사람이 바로 소피아였습니다.

페트르는 수학을 전공하지는 않았지만 수학에 관심이 많았습니다. 수학책이란 수학책은 모조리 구해 읽어 수학에 대한 지식이 풍부했습니다. 소피아는 큰아버지를 통해 수학에 처음 눈을 떴습니다.

'수학은 참 재미있구나. 배울수록 심오하고 신비로운걸.'

소피아는 큰아버지가 내준 수학 문제를 풀며 수학에 매력을 느꼈습니다.

소피아의 가족이 팔리비노로 이사 왔을 때 집 안 전체를 새로 도배했습니다. 그런데 집이 워낙 크다 보니 벽지가 모자라서 소피아의 방은 다른 종이를 발랐습니다. 이때 사용된 종이가 아버지가 젊은 시절에 공부했던 수학 강의 노트였습니다.

소피아는 벽 앞에 서서 많은 수학 공식들을 바라보았습니다. 그렇게 하루하루 지내다 보니 그 수학 공식들은 그의 머릿속에 쏙쏙 들어왔습니다. 하지만 당시에는 이해할 수 없는 것들이었습니다. 소피아는 큰아버지에게 수학을 배우면서 이 수학 공식들을 확실히 이해하게 되었습니다.

소피아가 수학 공부에 몰두하게 된 것은 14세 되는 해의 여름이었습니다.

소피아에게는 미셸이라는 사촌이 있었습니다. 미셸은 대학에 진학해야 하는데 수학 실력이 형편없었습니다. 생각다 못해 미셸의 어머니는 미셸을 팔리비노에 데리고 왔습니다. 가정교사인 말레비치에게 수학 지도를 받게 하기 위해서였습니다.

그러나 미셸은 수학 공부에는 관심이 없었습니다.

"나는 대학에 가지 않고 예술 학교에 갈 거야. 그러니 수학 공부를 하지 않아도 돼."

미셸은 이런 말을 하며 언제나 놀러 나갈 궁리만 했습니다.

미셸의 어머니는 말레비치 선생님과 상의했습니다.

"저는 미셸을 꼭 대학에 보내야겠어요. 미셸에게 수학 공부를 시키려면 어떻게 해야 할까요?"

말레비치 선생님은 잠시 생각에 잠기더니 입을 열었습니다.

"이렇게 하면 어떨까요? 소피아도 함께 수업을 받게 하는 겁니다. 소피아가 어려운 수학 문제를 척척 푸는 것을 보면 자기도 공부하지 않고는 못 배길 거예요. 수학을 못해 어린 동생에게 창피를 당하고 싶진 않을 테니까요."

"그거 좋은 생각이네요."

미셸의 어머니는 반색을 했습니다. 이리하여 소피아는 사촌 오빠와 수학 수업을 받게 되었습니다.

　말레비치 선생님이 예상한 대로였습니다. 수학에 재질이 있는 소피아가 어려운 수학 문제를 척척 풀자 미셸은 동생에게 망신당하기 싫어 머리를 싸매고 공부했습니다. 그 결과 미셸은 수학을 잘하게 되었습니다.

　소피아도 이때 수학 공부를 한 것이 그의 일생에 큰 영향을 끼쳤습니다. 소피아는 수학에 점점 빠져들었고, 더욱 어려운 수학책을 구해 혼자 공부하게 된 것입니다.

　1868년, 소피아는 열아홉 살이 되었습니다. 당시에 그는 한 가지 꿈이 있었습니다. 대학에 진학하여 수학을 공부하겠다는 것이었습니다. 그러나 러시아의 대학에서는 여학생을 입학시키지 않았습니다. 따라서 대학에 들어가려면 외국으로 유학을 가야만 했습니다.

　러시아에서는 여성이 외국에 나가려면 아버지나 남편의 승낙을 받아야만 했습니다. 이것은 수백 년 동안 내려온 일이고, 법으로 정해져 있었습니다.

　그렇지만 대부분의 러시아 남성들은 여성이 공부하는 것을 탐탁하게 여기지 않았습니다. 여성은 그저 살림이나 배웠다가 나이가 차면 시집이나 가면 그만이라는 것이 그 당시 남성들의 생각이었습니다.

그래서 공부하기를 간절히 원하는 여성은 외국에 나가기 위해 위장 결혼이란 방법을 썼습니다. 자기처럼 외국에 나가기를 원하는 남성을 찾아 부모님 앞에서 가짜 결혼식을 올리고 외국에 나가서는 각자 떨어져 사는 것이었습니다.

'나도 위장 결혼을 하여 외국에 나가자. 먼저 가짜 남편 후보를 찾아봐야겠어.'

소피아는 수소문하여 로즈데츠벤스키라는 청년을 만났습니다. 로즈데츠벤스키는 지독하게 못생기고 꺼벙해 보이는 사람이었습니다. 물론 소피아는 그가 마음에 들지 않았지만 어차피 진짜 남편도 아니고 가짜 남편이었기에 아버지의 승낙을 받으려고 그를 집으로 보냈습니다.

"저는 소피아와 결혼하고 싶습니다. 허락해 주십시오."

로즈데츠벤스키는 크루코프스키를 만나자마자 이렇게 청했습니다.

크루코프스키는 까무러칠 듯이 놀랐습니다. 딸아이의 결혼에 대해서는 아직 생각해 본 적이 없었기 때문입니다.

"소피아는 이제 겨우 열아홉 살밖에 안 되었어. 위로 시집 안 간 언니도 있고……. 그래서 당장은 결혼시킬 생각이 없네."

크루코프스키는 그 자리에서 거절해 버렸습니다.

위장 결혼을 추진하다가 실패한 소피아는 포기하지 않았습니다. 이번에는 귀족 청년인 블라디미르 코발레프스키를 포섭하여 아버지에게 소개시켰습니다. 그러자 크루코프스키는 당연히 소피아가 아직 어리다며 코발레프스키의 청혼을 거절했습니다.

그러나 소피아는 쉽게 물러서지 않았습니다. 자기 집에 귀한 손님이 찾아와 저녁 만찬이 벌어진 날, 소피아는 아버지에게 다음과 같은 쪽지를 남기고 집을 나와 버렸습니다.

아버지, 코발레프스키의 집으로 갑니다.
결혼 승낙을 해 주시기 전에는 집으로 돌아오지 않겠어요.

그것은 일종의 협박장이었습니다. 깜짝 놀란 크루코프스키는 코발레프스키의 집으로 사람을 보냈습니다. 그러고는 소피아와 코발레프스키를 불러 결혼을 승낙했습니다.

1868년 9월 27일, 소피아는 코발레프스키와 결혼식을 올렸습니다. 그리고 러시아를 탈출하여 독일로 갔습니다.

소피아는 하이델베르크 대학에서 유명한 교수인 레오 쾨니스버거 밑에서 수학을 공부했습니다.

1870년 10월, 소피아는 베를린으로 갔습니다. 베를린 대학에는 세계적인 수학자인 카를 바이어슈트라스가 있었습니다. 소피아는 바이어슈트라스를 찾아갔습니다.

> "교수님, 수학을 배우러 왔습니다. 베를린 대학에서 공부하게 해 주십시오."

바이어슈트라스가 말했습니다.

"베를린 대학에서는 여학생을 받아들이지 않는다네. 일단은 자네 실력이 어느 정도인지 궁금하군."

바이어슈트라스는 수학 문제 몇 개를 내놓았습니다.

"일주일 안에 이 문제를 풀어 가지고 나한테 다시 오게."

그러나 소피아는 일주일도 안 되어 해답을 가지고 왔습니다.

바이어슈트라스 교수는 해답을 살펴보고 까무러칠 듯이 놀랐습니다.

'어려운 문제를 모두 풀었네. 그것도 독창적인 방법으로. 아아, 내 앞에 수학 천재가 나타났구나!'

흥분한 바이어슈트라스는 이런 제의를 했습니다.

"대학에 들어가지 않아도 수학을 공부할 수 있지. 개인 교습을 받으면 되니까 말이야. 매주 일요일에 내 아파트를 찾아오게."

소피아는 4년 동안 스승의 지도를 받으며 수학을 연구했습니다. 그리하여 1874년 8월 '편미분 방정식에 관한 논문'을 완성하고, 괴팅겐 대학에서 수학 박사 학위를 받았습니다.

이 논문에서 증명한 것이 그 유명한 '소피아 코발레프스카야의 정리' 입니다. 이것은 코발레프스카야의 가장 훌륭한 업적 가운데 하나로 꼽히는 것입니다.

소피아의 남편 코발레프스키도 박사 학위를 받았습니다. 그는 독일의 예나 대학교에서 고생물학 분야에 대한 연구 논문으로 학계에서 주목을 받았습니다.

소피아와 코발레프스키는 독일을 떠나 러시아로 돌아왔습니다. 러시아를 떠난 지 꼭 6년 만이었습니다.

1875년 9월, 소피아의 아버지 크루코프스키가 세상을 떠났습니다. 소피아는 큰 슬픔에 잠겼습니다.

"너무 슬퍼하지 말아요. 아버님은 착하게 사셨으니 하늘나라로 가서서도 편안하실 거예요."

코발레프스키는 소피아를 위로해 주었습니다. 이때 소피아는 그를 통해 위안을 얻고 그와 점점 가까워졌습니다.

둘은 위장 결혼을 하였고 실제로는 부부가 아니었습니다. 하지만 코발레프스키는 소피아를 사랑하고 있었습니다. 얼마 뒤 두 사람은 진짜 부부가 되었습니다. 그리고 1878년 10월 17일에는 딸 소피아를 낳았습니다.

소피아 코발레프스카야는 문학에도 뛰어난 재능이 있었습니다. 그는 러시아에 돌아와 수학 연구를 중단하고 시, 소설, 희곡 등을 쓰기 시작했습니다. 그리고 도스토예프스키, 투르게네프 등 유명한 작가들과 사귀었습니다.

소피아 코발레프스카야의 대표작으로 꼽히는 작품은 1890년 여름에 발표한 소설 〈어린 시절의 추억〉입니다. 이 작품은 코발레프스카야 자신의 어린 시절 이야기인데, 독자들에게 큰 인기를 끌었습니다. 또한 모든 평론가들은 '앞으로 러시아에서 가장 뛰어난 여성 작가가 될 것이다.' 라고 극찬을 했습니다.

한편, 남편 코발레프스키는 아내가 아버지로부터 물려받은 유산으로 사업을 시작했습니다. 하지만 빚만 잔뜩 진 채 사업이 실패하고 말았습니다. 실의에 빠진 그의 남편은 1883년 4월 27일 스스로 목숨을 끊었습니다.

소피아는 이 소식을 듣고 큰 충격을 받았습니다. 그는 슬픔에 빠져 닷새 동안 아무것도 먹지 않고 울기만 했으며 마침내 정신을 잃고 쓰러졌습니다. 그러나 소피아는 정신을 차린 뒤에는 다시 수학 문제를 풀었다고 합니다.

소피아 코발레프스카야는 한동안 수학에서 멀어져 있다가 1881년부터 독일 베를린에서 다시 수학 연구를 시작했습니다. 그것은 빛의 굴절에 관한 연구였습니다. 남편이 세상을 떠난 뒤 빛의 굴절에 관한 연구를 끝내고 논문을 완성했습니다. 이 논문은 자연 과학자 학술 세미나에서 발표되어 좋은 평을 얻었습니다.

1883년 11월, 소피아는 스웨덴의 스톡홀름 대학에 수학 강사로 임명되었습니다. 당시만 해도 유럽의 대학에서는 여성이 강의를 맡는 것을 금하고 있었습니다. 따라서 소피아 코발레프스카야가 수학 강사가 되었다는 것은 획기적인 일이었습니다.

그로부터 5년 뒤, 소피아는 정식으로 스톡홀름 대학 수학 교수로 임명되었습니다. 세계 최초로 여성 교수가 탄생한 것입니다.

여성 교수 임명을 반대하는 사람들도 소피아 앞에서는 입을 다물었습니다. 소피아가 워낙 뛰어난 수학자였기 때문입니다.

소피아는 1888년 12월에 프랑스 과학 아카데미에 제출한 '고정점을 중심으로 한 강체의 회전에 관한 논문'으로 프랑스 최고 과학상인 보르당 상을 받았습니다. 이 논문은 세계 수학계에서 100여 년 동안 풀지 못한 어려운 문제를 풀어낸 것이었습니다. 세계 수학계는 발칵 뒤집혔고, 매우 탁월한 논문이라고 기존의 상금보다 두 배 가까운 상금인 5천 프랑이 주어졌습니다.

소피아 코발레프스카야는 이제 세계가 주목하는 최고의 수학자가 되었습니다.

그러나 그로부터 2년이 흐른 뒤, 그는 갑자기 저 세상으로 떠나 버렸습니다. 감기가 악화되어 며칠 만에 41년의 생애를 마감한 것입니다. 1891년 1월 19일 아침이었습니다. 그는 스톡홀름 대학에서 가까운 운두하겐 묘지에 묻혔습니다. 문학가로서도 명성을 얻었던 그는 생전에 이런 명언을 남겼습니다.

수학을 잘 모르는 사람들은 수학이 딱딱하고 재미없는 학문이라고 생각한다. 그러나 그것은 잘못된 생각이다. 시인의 영혼이 없는 사람은 진정한 수학자가 될 수 없다. 수학자야말로 시인이 되어야 한다.

소피아 코발레프스카야

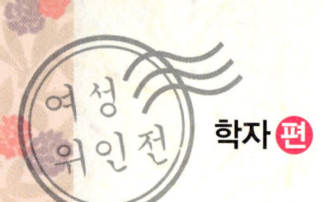

인류학의 어머니

마거릿 미드

1901~1978, 미국 펜실베이니아 주의 필라델피아에서 태어나 컬럼비아 대학교 대학원에서 심리학 석사 학위를 받았다. 1925년 남태평양의 사모아 섬에서 사모아 사춘기 소녀들을 만나 현지 조사 활동을 한 연구 결과를 〈사모아에서의 성년〉이라는 책으로 펴내 세계적인 인류학자로 명성을 얻었다. 1929년 인류학 박사 학위를 받고 폴리네시아의 원시 종족들에 대한 연구를 계속하여 〈뉴기니에서의 성장〉, 〈세 부족 사회의 성과 기질〉, 〈발리 주민의 특성〉 등 44권의 책과 천여 편의 논문을 썼다. 대표 저서로 〈사모아에서의 성년〉, 〈뉴기니에서의 성장〉, 〈세 부족 사회의 성과 기질〉, 〈남성과 여성〉 등이 있다.

1901년 12월 16일, 미국 펜실베이니아 주의 필라델피아에 있는 한 병원에서 여자아이가 태어났습니다. 아이의 이름은 마거릿 미드였습니다.

마거릿의 아버지 에드워드 미드는 펜실베이니아 대학교 경영대학원 경제학과 교수였고, 어머니 에밀리 포그는 사회학과 대학원생으로 박사 학위 논문을 쓰고 있었습니다.

어머니는 마거릿을 낳기 전에 언제나 작은 수첩을 갖고 다녔습니다. 그 수첩에는 갓난아기의 지능 발달에 관한 글이나 아기를 기르는 정보가 빽빽이 적혀 있었습니다. 어머니는 틈만 나면 그 수첩을 들여다보며 아기를 낳아 기를 준비를 했습니다.

어머니는 키가 몹시 작아 150cm를 겨우 넘는 정도였습니다. 그래서 아버지는 어머니를 '꼬마 부인'이라고 불렀습니다. 마거릿이 말을 배울 때도 처음으로 배운 말이 '꼬마 부인'이었습니다.

마거릿은 어머니와 눈이 마주치면 '꼬마 부인!' 하고 부르며 아장아장 걸어왔습니다.

마거릿의 가족은 1년에 이사를 네 번씩이나 했습니다. 봄과 가을은 뉴저지 주의 하몬턴 집에서 살고, 여름과 겨울은 필라델피아 시내나 그 근처를 옮겨 다니며 살았기 때문입니다.

어머니의 박사 학위 논문 주제는 '이탈리아에서 이민을 온 사람들이 미국에서 어떻게 적응하며 살아가는가' 였습니다. 그래서 어머니는 이민자들을 만나 인터뷰를 하려고 봄과 가을에는 하몬턴에서 살다가, 아버지가 강의를 하는 여름과 겨울에는 필라델피아로 돌아왔던 것입니다.

어머니는 학문을 연구하는 사람답게 자녀 교육도 철저히 했습니다.

어머니는 필라델피아로 이사 올 때는 아무데나 집을 얻지 않았습니다. 반드시 그 동네에 마거릿의 좋은 선생님이 될 만한 사람이 있는가를 미리 알아보았습니다.

"이 마을에 그림을 잘 그리는 화가가 살고 있다고요? 잘 됐네요. 이 마을로 이사 와서 그분에게 우리 딸아이 그림 지도를 부탁해야겠어요."

자녀 교육에 열성적인 어머니 덕분에 마거릿은 어려서부터 그림, 조각, 피아노, 바이올린 등 예능뿐만 아니라 기계 조립, 목공

기술까지 배울 수 있었습니다.

한번은 어머니가 도시에서 연극 배우 한 사람을 모셔 와 마거릿과 그 친구들에게 연극 지도를 받게 했습니다. 그렇게 해서 마거릿의 집 현관에 설치한 무대에 올린 작품이 셰익스피어의 〈베니스의 상인〉이었습니다. 아이들은 그동안 쌓아 온 연기 솜씨를 유감없이 보여 줘 동네 사람들을 놀라게 했습니다.

그뿐만이 아니었습니다. 어머니는 어느 곳에 이사를 가든 마거릿을 위해 친구들을 찾아주었습니다. 마거릿의 놀이 친구라면 누구라도 좋았습니다. 랜즈다운에 살 적에는 마부의 자녀들과 어울려 놀게 했습니다. 신분의 차이 따위는 전혀 따지지 않았습니다.

아버지는 마거릿을 아주 귀여워했습니다. 그래서 마거릿을 '펑크'라고 불렀는데, 그것은 '새끼 동물'이라는 뜻이었습니다. 아버지는 2년 뒤에 남동생 리처드가 태어나자 마거릿을 '오리지널 펑크'라고 부르고, 리처드는 '보이 펑크'라고 불렀습니다.

마거릿은 어렸을 적에 일요일이면 아버지를 따라 산책을 나갔습니다. 마거릿이 세 살 때는 이런 일이 있었습니다.

늦은 가을날, 아버지와 딸은 낙엽이 깔린 길을 나란히 걸어가고 있었습니다. 전날 비가 와서 낙엽은 빗물에 젖어 있었습니다. 마거릿은 낙엽을 발로 툭툭 차며 걸었습니다. 아버지는 이것을 보고 조용히 나무랐습니다.

"마거릿, 얌전히 걸어야지. 신발이 전부 젖고 빗물이 사방으로 튀잖니."

하지만 마거릿은 아버지의 말을 듣지 않았습니다. 계속해서 낙엽을 발로 차며 걸었습니다.

아버지는 눈을 부릅뜨고 소리쳤습니다.

"그만두지 못해! 너 자꾸 그러면 버려두고 갈 거야!"

그러나 마거릿은 들은 척도 하지 않았습니다. 재미있다는 듯 장난을 그치지 않았습니다.

그러자 아버지는 마거릿을 혼자 두고 성큼성큼 앞으로 걸어갔습니다.

그때 마거릿은 바닥에 주저앉으며 울음을 터뜨렸습니다.

"나쁜 아빠야! 어린 딸이 불쌍하지도 않아? 나를 버려두고 가 버리면 어떡해! 으앙으앙!"

그곳에는 산책을 나온 많은 사람들이 있었습니다. 아버지는 창피하여 얼른 마거릿에게 돌아왔습니다. 그러고는 마거릿을 품에 안으며 이렇게 달랬습니다.

"마거릿, 울지 마라. 아빠가 너를 버려두고 갈 리가 있니?"

마거릿의 아버지는 마거릿에게 늘 좋은 아버지였습니다. 마거릿이 아버지에게 배운 것이 있다면 남의 이야기를 귀담아듣고, 여러 사람 앞에서 말하는 방법이었습니다.

아버지는 집에 손님이 오면 늘 상대방의 말에 귀를 기울였습니다. 그러다가 핵심을 찌르는 질문을 날카롭게 던졌습니다. 마거릿은 그런 아버지를 보고 남의 이야기를 듣는 방법을 배울 수 있었습니다.

여러 사람 앞에서 말하는 방법은 어렸을 때 아버지에게 직접 배웠습니다.

"마거릿, 너 잔디밭에 물 뿌리는 것을 보았지? 연단에 나아가 청중 앞에서 말할 때, 청중들과 눈을 마주치지 않으려고 물뿌리개처럼 시선을 이리저리 움직이면 안 된다. 여러 사람 앞에서 말할 때는 그들과 눈을 마주치며 말해야지. 알겠니?"

아버지는 말로만 가르치지 않고 마거릿에게 실제로 연습을 시켰습니다. 마거릿을 연단에 세운 뒤 자신의 눈을 보며 말하게 한 것입니다.

마거릿은 어린 시절에 이런 훈련을 거친 덕에 어른이 되어서는 누구보다도 강연을 잘한다는 소리를 듣게 되었습니다.

어렸을 적에 마거릿은 할머니와 한 집에서 살았습니다. 할머니는 젊은 시절부터 할아버지와 함께 교사로 일했습니다. 교장 선생님이었던 할아버지가 돌아가시자, 그 뒤를 이어 교장 선생님을 지낸 분이었습니다.

마거릿은 중고등학교에 들어가기 전까지는 유치원은 2년, 초등학교는 1년밖에 다니지 않았습니다. 그 대신 집에서 할머니에게 교육을 받았습니다.

할머니는 수학 공식이나 학과 지식을 기계적으로 외우는 것은 바람직하지 않다고 생각했습니다. 그래서 식물에 대해 간단히 설명하고는 마거릿에게 직접 숲으로 가서 식물을 관찰하여 기록하게 했습니다. 그리고 때로는 식물 표본을 채집하도록 숙제를 주기도 했습니다.

"남자아이와 여자아이는 자라날 때 큰 차이가 있어. 같은 나이라도 남자아이가 여자아이보다 마음의 상처를 받기 쉽지. 그러므로 선생님은 남자아이를 지도할 때는 각별히 신경을 써야 해."

할머니는 자신이 오랫동안 학교 선생님을 하며 터득한 교훈을 이따금 들려주었습니다. 이러한 교훈은 마거릿이 나중에 인류학자가 되었을 때 남자와 여자의 성별 의미를 파악하는 데 큰 도움이 되었습니다.

할머니는 마거릿이 심심해하면 자주 이야기를 들려주었습니다. 그것은 할머니가 어린 시절에 할아버지 할머니에게 들었던 이야기들이었습니다.

어느 마을에 지독한 게으름뱅이가 있었지. 얼마나 게으른지 손

끝 하나 까딱하지 않는 거야. 세상에 태어나서 이제까지 삽자루 한번 잡아 본 적이 없었지.

어느 날, 마을 사람들은 한자리에 모여 회의를 했어.

"저렇게 일하기 싫어하는 게으름뱅이는 우리 마을에서 아무 쓸모가 없소. 양식만 축낼 뿐이지."

"맞습니다. 저런 쓰레기 같은 인간은 차라리 산 채로 땅속에 묻어 버립시다. 그것이 우리 마을을 위해 좋은 일이에요."

"옳소!"

마을 사람들은 모두 찬성했어. 그래서 게으름뱅이를 산속에 묻기로 하고 그를 수레에 태워 산으로 향했지. 게으름뱅이를 왜 수레에 태웠냐고? 게으름뱅이가 산 위에까지 걸어 올라가기 귀찮다고 했거든.

마을 사람들은 산으로 가다가 수레를 끌고 내려오는 농부와 마주쳤어. 농부가 끄는 수레에는 껍질을 벗기지 않은 옥수수가 가득 실려 있었지.

농부는 마을 사람들에게 물었어.

"수레에 사람을 태우고 어디로 가시오?"

"산에 갑니다. 이 젊은이를 산 채로 땅 속에 묻으려고요. 천하에 쓸모없는 게으름뱅이거든요."

농부는 게으름뱅이가 너무 불쌍했어. 그래서 게으름뱅이에게

이렇게 말했지.

"이봐요, 젊은이. 수레에 실린 옥수수 껍질을 벗겨 주지 않겠소? 그러면 이 옥수수를 몽땅 당신에게 주겠소."

그러자 게으름뱅이가 뭐라고 했는지 아니? 죽으러 가는 길이었지만 며칠을 굶어 몹시 배가 고팠거든.

할머니는 여기까지 이야기하고 마거릿의 얼굴을 보았습니다. 마거릿은 이미 여러 번 들은 이야기라서 게으름뱅이가 했다는 말을 알고 있었습니다. 하지만 그 말을 했다가는 할머니가 이야기하는 흥이 깨질 것입니다. 그래서 마거릿은 짐짓 모르는 체 눈을 동그랗게 뜨고 물었습니다.

"게으름뱅이가 뭐라고 했어요, 할머니?"

그제야 할머니는 신바람이 나서 대답했습니다.

"그 게으름뱅이는 '제발 나를 귀찮게 하지 말아요. 옥수수고 뭐고 다 필요 없으니 그냥 이 자리에 나를 묻어 줘요.'라고 말했단다."

할머니는 이렇게 이야기도 재미있게 잘하지만 손재주도 좋았습니다. 마거릿은 그런 할머니를 통해 요리나 뜨개질, 자수를 배울 수 있었습니다.

마거릿은 할머니를 매우 존경하고 사랑했습니다. 뒷날 그는 자서전에서 '할머니는 내 인생에 가장 큰 영향을 미친 분이다.' 라고 회상하기도 했습니다.

마거릿은 주위에 일어나는 모든 일에 깊은 관심을 가졌습니다.

하루는 집에서 기르던 닭 한 마리가 요리되어 저녁상에 올라왔습니다.

마거릿은 한동안 말없이 앉아 있더니 닭똥 같은 눈물을 흘렸습니다.

어머니는 마거릿의 눈치를 살피다가 조심스럽게 물었습니다.

"마거릿, 왜 우니? 닭이 죽어 슬퍼서 우니?"

마거릿은 고개를 저었습니다.

"아니에요, 엄마. 어째서 저만 쏙 빼놓으셨어요? 닭을 잡는다는 것을 왜 미리 제게 알려 주지 않으셨어요?"

마거릿은 닭이 죽어 슬퍼서가 아니라, 닭을 잡는다는 것을 미리 알려 주지 않아 그것을 못본 것이 서운해서 울었던 것입니다.

이렇듯 호기심이 많은 마거릿이 이사를 다닐 때마다 어김없이 하는 작업이 있었습니다. 그것은 집 안과 집 밖, 그리고 마을 주변에 대한 탐색이었습니다.

마거릿은 이삿짐을 풀자마자 온 집 안을 샅샅이 둘러보았습니다. 특히 다락방부터 먼저 살펴보았습니다.

'숨바꼭질을 하려면 집 안 구석구석 알아두어야 해. 다락방

은 숨어 있기 좋은 방이야. 계단을 오르는 발소리도 들을 수 있고…….'

집 안 탐색이 끝나면 마을을 돌아다녔습니다. 마을에 어떤 아이들이 사는지 알아보고, 근처에 있는 숲에 들렀습니다. 숲이 아이들과 어울려 놀기 좋은 놀이터가 될 것이기 때문입니다.

마거릿은 아홉 살부터 시를 썼으며, 일기와 편지도 썼습니다. 글 쓰는 일이 좋아 소설도 쓰고, 학교 축제 때는 단막극을 써서 공연을 했습니다. 그리고 지방 신문사에서 원고의 편집, 교정, 인쇄 등 출판에 관한 기술을 배우기도 했습니다.

1919년 마거릿 미드는 드 포우 대학교에 들어갔습니다. 그러나 학교 생활은 실망스러웠습니다. 학생들이 공부는 하지 않고 노는 데만 열중했기 때문입니다.

마거릿 미드는 2학년 때 버나드 대학교로 옮겼습니다. 그리고 버나드 대학교를 졸업한 후에는 컬럼비아 대학교 대학원에 들어갔습니다. 컬럼비아 대학교에는 세계적인 인류학자인 프란츠 보아스 교수가 있었습니다. 1925년 심리학 석사 학위를 받은 마거릿 미드는 보아스 교수의 지도를 받으며 인류학 박사 과정을 밟았습니다.

인류학은 인류와 그 문화를 연구하는 학문입니다. 의식주를 비롯하여 사회 구조, 관습, 종교, 예술, 과학 등 인간의 활동, 인간의 생산물에 대해 탐구하는 것입니다.

마거릿 미드는 남태평양의 폴리네시아 문화를 연구할 생각이었습니다. 그러기 위해서는 그곳으로 현지 조사를 떠나야 했습니다.

보아스 교수는 마거릿 미드를 불러 말했습니다.
"폴리네시아는 너무 위험해. 그곳에는 무서운 맹수가 우글거리고 전염병에 걸릴 수도 있다네. 더구나 사람을 잡아먹는 원주민도 있다더군. 여자의 몸으로 혼자서 거기에 갈 수 있겠나?"
보아스 교수는 마거릿 미드가 폴리네시아에 가는 것을 극구 말렸습니다.
"폴리네시아를 포기하고 아메리카 인디언을 연구하는 게 어때? 미국에서도 가깝고, 인디언 보호 구역으로 가니 훨씬 안전할 거야. 거기서 사춘기 소녀들의 행동 방식을 연구해 보라고."
마거릿 미드가 말했습니다.
"말씀하신 대로 사춘기 소녀들의 행동 방식에 대해 연구하겠습니다. 하지만 아메리카 인디언이 아니라 폴리네시아 원시 종족입니다. 폴리네시아에도 서양 문명이 물밀 듯이 들어오기 때문에

원시 문명이 사라질 위기에 있습니다. 그 전에 그 문명을 관찰하고 기록해 두고 싶습니다."

마거릿 미드의 결심은 확고했습니다. 보아스 교수도 그의 뜻을 받아들이지 않을 수 없었습니다.

"알겠네. 그 대신 폴리네시아의 섬들 가운데 미군 기지가 있는 사모아 섬으로 가게. 3주에 한 번은 여객선이 다니는 섬이니 비교적 안전할 거야."

"교수님 말씀대로 하겠습니다."

1925년 8월, 사모아 섬으로 간 마거릿 미드는 아홉 달 동안 사모아 사춘기 소녀들을 만나 현지 조사 활동을 했습니다. 이리하여 그 연구 결과를 책으로 묶은 것이 〈사모아에서의 성년〉입니다. 이 책은 오랫동안 베스트셀러에 올랐으며 마거릿 미드를 세계적인 인류학자로 만들었습니다.

1929년 인류학 박사 학위를 받은 마거릿 미드는 그 뒤에도 폴리네시아의 원시 종족들에 대한 연구를 계속했습니다. 뉴기니에서 현장 답사를 하여 〈뉴기니에서의 성장〉이라는 책을 썼으며, 1931년에서 1933년까지 아라페쉬, 문두구모, 참불리 등 세 원시 부족을 연구하여 〈세 부족 사회의 성과 기질〉이라는 책을 펴냈습니다. 또한 1936년 발리 섬을 현지 답사하여 풍부한 사진과 함께 엮은 〈발리 주민의 특성〉이라는 책을 선보였습니다. 마거릿 미드는 그 밖에도 〈그리고 만일에 대비하라〉, 〈남성과 여성〉 등 44권의 책과 천여 편의 논문을 썼습니다.

　미국 자연사 박물관에서 1978년까지 일하는 한편, 1954년부터는 컬럼비아 대학교 인류학 교수를 겸했습니다. 그리고 1960년에는 미국 인류학회 회장이 되었으며, 사회·교육 평론가로도 활동했습니다.

　1978년 11월 15일, 마거릿 미드는 78세로 세상을 떠났습니다. 이때 프랑스의 인류학자 레비스트로스는 마거릿 미드를 이렇게 추모했습니다.

　　마거릿 미드는 위대한 현장 연구가이다. 그는 오늘날 세계의 인류학을 제자리에 올려놓은 뛰어난 학자로 길이 남을 것이다.

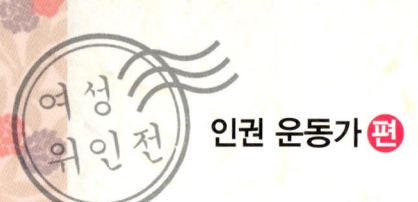

인권 운동가 편

'세계 인권 선언'을 만든 세계의 퍼스트레이디
엘리너 루스벨트

1884~1962. 미국 뉴욕의 상류층 집안의 맏딸로 태어나 1905년 먼 친척인 프랭클린 루스벨트와 결혼했다. 처음에는 아이들을 기르고 살림하는 데만 힘쓰다가, 1921년부터는 소아마비에 걸린 남편의 정치 활동을 돕기 위해 여러 분야에서 활약했다. 1932년 남편이 대통령에 당선된 뒤에는 남편을 내조하는 일뿐 아니라 신문 칼럼을 쓰고 국민들을 만나러 다니는 등 폭넓은 활동을 했다. 1945년 남편이 세상을 떠나자 국제 연합 주재 미국 대표, 유엔 인권위원회 의장이 되어 세계 평화를 위한 일과 '세계 인권 선언'을 마련하는 일에 온 힘을 다했다.

엘리너는 미국 뉴욕의 상류층 집안의 맏딸이었습니다. 루스벨트 가문은 미국이 영국의 식민지였던 시절부터 명문가로 소문났으며, 그의 아버지 엘리엇 루스벨트는 뒷날 제26대 대통령이 되는 시어도어 루스벨트의 형이었습니다.

엘리너가 다섯 살 때의 일입니다. 엘리너는 가족들과 유럽으로 여행을 떠났습니다.

이탈리아의 소렌토에 왔을 때, 이들은 관광을 하려고 거리로 나섰습니다. 광장에는 관광객들을 태우고 시내를 한 바퀴 도는 당나귀가 있었습니다.

아버지가 웃으며 말했습니다.

"엘리너, 당나귀 탈래?"

"예, 아빠."

아버지는 엘리너를 번쩍 안아 올려 당나귀에 태웠습니다.

당나귀를 모는 것은 어린 남자아이였습니다. 마부 소년은 맨발이었는데, 당나귀 고삐를 쥐고 시내 관광에 나섰습니다.

한 시간 뒤, 아버지는 광장으로 돌아온 당나귀를 보고 눈이 휘둥그레졌습니다. 당나귀에 걸터앉은 것은 엘리너가 아니라 마부 소년이었습니다. 오히려 엘리너가 고삐를 쥔 채 마부 노릇을 하고 있었습니다.

"엘리너, 어찌 된 일이니?"

아버지가 묻자 엘리너가 대답했습니다.

"마부가 발을 삐었어요. 그래서 제가 당나귀에 태우고 시내를 돌았어요."

엘리너는 이처럼 어려서부터 자기보다는 남을 먼저 생각하는 착한 마음씨를 지녔습니다. 어려운 사람이 있으면 자기 것을 다 털어 도와주려고 했습니다.

엘리너의 어머니 안나 홀은 상류층 집안 출신으로 몹시 아름다웠습니다. '사교계의 꽃'으로 불릴 만큼 뛰어난 외모를 자랑했습니다.

그러나 엘리너는 이런 어머니에게서 어떻게 이런 딸이 나왔나 싶을 정도로 평범한 외모였습니다. 뻐드렁니에 납작한 얼굴, 껑충하게 큰 키……. 백조 같은 어머니에게는 엘리너야말로 '미운 오리 새끼'였습니다.

한번은 이런 일이 있었습니다.

엘리너는 복도를 지나다가 걸음을 멈추었습니다. 어머니 방에서 두런두런 말소리가 들려왔기 때문입니다.

'손님이 오셨나?'

엘리너는 방문을 빠끔히 열고 문틈으로 고개를 내밀었습니다. 어머니는 손님과 함께 큰 거울 앞에 앉아 이야기를 주고받고 있었습니다.

엘리너는 손가락을 입에 문 채 어머니를 바라보았습니다. 그러다가 어머니에게 들키고 말았습니다. 어머니는 거울 속에 비친 딸의 모습을 발견한 것입니다.

"오, 할머니! 어린애처럼 손가락을 입에 물고 계시면 어떡해요? 어서 빼세요."

엘리너는 얼굴이 사과처럼 붉어졌습니다. 얼른 손가락을 입에서 빼어 등 뒤로 감추었습니다.

그때 어머니가 또 소리쳤습니다.

"문 앞에 서 있지만 말고 어서 방 안으로 들어오세요, 할머니!"

손님이 고개를 갸우뚱했습니다.

"부인의 따님인가요? 그런데 왜 할머니라고 부르죠?"

"물론 제 딸이죠. 하지만 저 아이 얼굴을 좀 보세요. 아주 못생겼잖아요. 게다가 옷도 촌스럽게 입고, 하는 짓도 참 고리타분해요. 꼭 애늙은이 같죠. 그래서 우리 집에서는 저 아이를 할머니라고 부른답니다."

손님이 웃으며 말했습니다.

"부인의 말을 들으니 정말 그렇군요. 잘 지은 별명이에요. 그런데 저 아이가 부인의 딸이 맞나요? 부인하고는 눈곱만치도 닮지 않았으니……."

"호호, 저의 실패작이죠, 뭐."

엘리너는 방문을 쾅 닫고 집 밖으로 뛰쳐나왔습니다. 그의 두 눈에는 눈물이 그렁그렁 고여 있었습니다.

'그래, 나는 못생겼어. 미운 오리 새끼야. 어머니는 나를 놀리기만 하고 칭찬 한번 해 주시지 않아.'

엘리너는 자기를 무시하고 남동생만 사랑하는 어머니가 서운하기만 했습니다.

'나는 언제 어머니에게 사랑을 받을까? 백조처럼 아름다운 모습으로 변하면 어머니에게 사랑받을 수 있을까?'

그러나 아버지는 달랐습니다.

"오, 우리 귀염둥이 넬!"

하고 부르며 엘리너를 끔찍이도 사랑했습니다.

넬은 찰스 디킨스의 소설 〈골동품 가게〉에 나오는 작은 소녀입니다. 온순하고 착한 마음씨가 닮았다고 엘리너에게 '넬'이라는 별명을 붙여 준 것입니다.

  하지만 아버지는 집을 떠나게 되었습니다. 술에 취해 살던 아버지는 알코올 중독을 치료하려고 요양소에 들어가게 된 것입니다. 따라서 엘리너는 아버지를 그리워하며 하루하루를 보낼 수밖에 없었습니다.

  엘리너가 아홉 살이 되었을 때 어머니가 갑자기 돌아가셨습니다. 급성 전염병인 디프테리아에 걸린 것입니다.

  엘리너와 두 남동생은 외할머니 댁으로 가서 살았습니다. 외할머니인 발렌틴 G. 홀 부인은 무척 엄한 분이었습니다. 엘리너에게 쉴 새 없이 잔소리를 늘어놓았습니다.

  "몸가짐이 흐트러짐 없이 단정해야 한다. 길고 검은 양말과 레이스 달린 신을 신어라. 그리고 드레스는 발등을 덮는 긴 것을 입고……. 일요일은 하느님이 주신 안식일이다. 밖에 나가 놀지 말고 하루 종일 성경 말씀을 읽고 외워라."

  외할머니는 재물이 많아 생활이 넉넉했지만 매우 검소했습니다. 엘리너에게는 두 벌의 옷밖에 없었습니다. 지금 입고 있는 옷과 빨랫줄에 걸려 있는 옷이었습니다.

  외할머니가 엘리너에게 잘 쓰는 말은 "안 돼!"였습니다. "그래."라는 말을 쓴 적은 거의 없었습니다.

  엘리너에게는 계속해서 불행의 그림자가 찾아들었습니다. 어머니가 돌아가신 해 겨울에 남동생 엘리가 죽더니, 2년 뒤에는 아버지가 세상을 떠났습니다. 엘리너는 이제 고아가 되었습니다. 남동생 홀과 함께 외할머니 댁에서 살며 가정교사에게 글을 배웠습니다.

 엘리너가 외할머니 댁을 떠난 것은 1899년이었습니다. 그 해에 엘리너는 어머니의 유언에 따라 영국에 있는 알렌스우드 여학교에 입학을 했기 때문입니다.
 알렌스우드 여학교는 런던 교외에 있었습니다. 상류층 딸들이 공부하는 기숙학교로, 수베스터라는 나이 든 교장 선생님이 학교를 이끌어갔습니다.
 엘리너는 교장 선생님을 '수'라고 부르며 어버이처럼 믿고 따랐습니다. 교장 선생님도 수줍음 많은 엘리너를 잘 지도해 주었습니다.
 방학이 되면 엘리너는 교장 선생님을 따라 유럽 여행을 떠났습니다. 교장 선생님은 엘리너에게 차표를 사거나 여관을 잡고 식당을 구하는 일 등을 맡겼습니다. 엘리너는 이런 일을 혼자서 하는 동안 모든 일에 자신감을 얻고 독립심도 생겼습니다. 엘리너는 뒷날 이 시절을 이렇게 회상했습니다.

알렌스우드 여학교 시절은 내 생애에서 가장 행복했던 시절이었다. 수베스터 교장 선생님을 만난 것은 큰 행운이었다. 그분은 내게 최초로 사회적, 정치적 활동의 씨앗을 심어 주었다. ……교장 선생님과의 유럽 여행은 유익한 배움의 시간이었다. 나는 그 여행을 통해 프랑스말, 이탈리아말, 독일말을 배우게 되었다. 이렇게 해서 쌓은 외국어 실력은 그 뒤 내가 국제 연합 주재 미국 대표로서 외교 활동을 할 때 큰 보탬이 되었다.

학교를 다닌 지 3년이 지난 1902년의 어느 날, 외할머니에게서 연락이 왔습니다.

"엘리너, 집으로 돌아오너라. 3년이면 충분히 공부했다. 너도 열아홉 살이 되었으니 사교계에 나가야지."

엘리너는 외할머니의 명을 어길 수 없었습니다. 학교를 그만두고 미국으로 돌아갔습니다.

뉴욕의 상류층에서는 저녁마다 무도회가 열렸습니다. 엘리너는 외할머니의 명을 좇아 무도회에 참석했습니다.

무도회에는 외갓집 친척들이 많이 나왔다. 모두들 상당한 미인이었다. 미인이 아닌 여자는 나 혼자여서 열등감이 생겼다.

외할머니가 엘리너에게 사교계에 나가라고 한 것은 마땅한 신랑감을 찾아 시집을 가라는 것이었습니다.

엘리너는 사교 모임인 무도회에서 멋쟁이 청년을 만났습니다. 먼 친척인 프랭클린 루스벨트였습니다. 그는 하버드 대학에 다니고 있었습니다.

엘리너와 프랭클린은 역사와 문학과 지리에 대해 이야기를 나누었습니다. 자주 만날수록 서로에게 끌렸고 장래를 약속하는 사이가 되었습니다.

1905년 3월 17일, 두 사람은 드디어 결혼식을 올렸습니다. 엘리너의 삼촌인 시어도어도 참석하여 조카의 손을 잡고 식장에 들어갔습니다.

  엘리너는 결혼한 뒤에는 다섯 아이를 낳고 살림을 하는 데에만 힘썼습니다. 하지만 남편이 1911년 뉴욕 주 상원 의원에 선출되자 올버니에서 정치가의 아내로서 그 역할에 충실했습니다. 그리고 1913년 프랭클린이 해군성 차관에 임명되자 워싱턴으로 이사하여 남편 일을 도왔습니다.

  엘리너는 프랭클린과 결혼하기 전에 사회 봉사 활동을 한 적이 있었습니다. 그것은 사회 복지관에 나가 미국 이민자들을 돕거나 소비자 연맹 일을 돕는 것이있습니다.

  1917년 제1차 세계 대전에 미국이 참전하자, 엘리너는 사회 봉사 활동을 다시 시작했습니다. 그는 기차역에 있는 적십자사 식당에서 열심히 일했습니다. 전쟁터에 나가는 군인들에게 커피와 샌드위치를 나누어 주는 일이었습니다. 또한 해군 적십자사를 만들었으며, 1918년 전쟁이 끝난 뒤에는 남편과 더불어 유럽의 전쟁터를 누비기도 했습니다.

  전쟁의 결과는 끔찍했습니다. 많은 병사들이 죽거나 다쳤으며, 폭격으로 온 도시가 폐허가 되어 있었습니다. 워싱턴에 있는 해군 병원으로 부상병을 위문하였을 때는 전쟁터의 악몽에서 못 벗어나 정신이 이상해진 병사들도 보았습니다.

'전쟁이 모든 것을 파괴해 놓았구나. 이 땅에 다시는 전쟁이 일어나선 안 돼. 나는 앞으로 전쟁을 막고 평화를 위해 일할 것이다.'

엘리너는 전쟁의 참상을 눈으로 확인하고는 마음속으로 굳게 다짐했습니다.

1921년 여름, 엘리너 가족들은 미국과 캐나다 경계에 있는 캠포벨로 섬의 별장에서 여름 휴가를 즐기고 있었습니다.

프랭클린은 바다에서 보트를 탔습니다. 그런데 그만 바닷물에 빠지고 말았습니다.

"어푸, 어푸!"

프랭클린은 간신히 헤엄을 쳐서 바다에서 나왔습니다.

"감기에 걸렸나 봐. 몸이 무겁고 피곤한걸."

"그럼 일찍 주무세요."

프랭클린은 그날 저녁 일찌감치 잠자리에 들었습니다. 하지만 그는 다음 날 아침 일어나지 못했습니다. 어찌 된 일인지 두 다리가 움직이지 않았습니다.

"척수성 소아마비입니다. 상태가 나빠 다시는 걸을 수 없을 것 같아요."

프랭클린을 진찰한 의사는 비관적인 진단을 내렸습니다.

프랭클린은 결국 하체가 마비되어 평생 휠체어를 타고 지내야 했습니다.

그러나 엘리너는 결코 절망하지 않았습니다. 오히려 프랭클린이 정치를 포기하지 않도록 격려를 아끼지 않았습니다.

"용기를 잃지 마세요. 당신은 다시 정치를 할 수 있어요."

엘리너는 국민들이 프랭클린의 이름을 잊어버리지 않도록 그의 눈과 귀와 다리가 되어 주었습니다. 남편을 대신하여 여기저기 뛰어다니며 감동적인 연설을 했습니다. 그리하여 프랭클린은 1924년 다시 정계에 돌아왔으며, 1928년 뉴욕 주지사에 선출되고, 1932년에는 미국 제32대 대통령에 당선될 수 있었습니다.

프랭클린이 대통령에 취임할 무렵, 미국은 최악의 경제 공황을 겪고 있었습니다. 주식 시장은 무너졌으며 대부분의 은행들이 문을 닫았습니다. 그리고 실업자 수는 1930년 400만 명에서 1933년 1,500만 명으로 3년 만에 세 배가 넘게 늘었습니다.

프랭클린은 이 경제 공황을 극복하기 위해 뉴딜 정책을 펼쳐 나갔습니다. 나무를 심어 숲을 조성하는 사업이나 홍수 조절 사업에 500만 명의 젊은이들을 투입했습니다. 그리하여 많은 실업자들이 일자리를 얻게 되었습니다.

엘리너는 대통령의 부인으로서 남편을 내조하는 일만 하지 않았습니다. 1주일에 한 번씩 여성 기자들과 기자 회견을 가졌으며, 1936년부터 몇 년 동안 '나의 날'이라는 칼럼을 90개 신문에 연재했습니다. 그리고 라디오 프로그램에도 출연하고 〈나의 이야기〉(1937), 〈민주주의의 도덕적 기반〉(1940), 〈이것을 나는 잊을 수 없다〉(1949), 〈스스로의 힘으로〉(1958), 〈엘리너 루스벨트 자서전〉(1961) 등 많은 책을 썼습니다.

또한 미국 각지를 돌아다니며 경제 공황으로 어려움을 겪는 국민들을 만나고, 그 생활 실태를 남편에게 전했습니다. 엘리너는 1933년 6만 킬로미터를 여행하여 사람들을 놀라게 했습니다.

당시에 미국에는 자신의 시계에 '엘리너'라고 이름 붙인 사람이 있었습니다. 왜 그런 이름을 지었냐고 묻자 그는 이렇게 대답했습니다.

"엘리너는 잠시도 멈추지 않고 돌아다니니까요."

엘리너는 흑인들의 인권 문제에도 관심이 많았습니다. 미국 사회에서 흑인들이 차별 대우를 받지 않도록 온 힘을 쏟았습니다.

어느 날, 엘리너는 미국 남부 앨라배마 주에서 열린 '인간 복지에 관한 회의'에 참석하러 갔습니다. 그런데 강당 안에는 흑인과 백인의 자리가 따로따로 있었습니다. 엘리너는 이것을 보고 자신의 의자를 강당 한가운데에 놓았습니다. 그러고는 그 자리에 앉았습니다. 인종 차별이 잘못되었다는 것을 행동으로 보여 준 셈이었습니다.

흑인 성악가 마리안 앤더슨이 흑인이라는 이유로 콘스티튜션 홀에서의 공연을 거절당했을 때, 엘리너는 콘스티튜션 홀의 건물주인 '미국 혁명의 딸들'이라는 단체에서 탈퇴를 하기도 했습니다.

엘리너는 어디를 가나 국민들로부터 환영을 받았습니다. 그녀는 가난하고 약한 사람들의 편이었기 때문입니다.

1933년 3월, 워싱턴에서는 1만1천여 명의 군인들이 데모를 벌였습니다.

"우리는 제1차 세계 대전에 참전했다. 정부는 보너스를 주겠다고 약속해 놓고 왜 이제까지 주지 않느냐?"

군인들은 전임 대통령인 후버 대통령 때도 데모를 벌였습니다. 그때 후버 대통령은 군인들의 말에 귀를 기울이기보다는 데모를 진압하기에 바빴습니다. 탱크를 동원하고 최루 가스를 뿌려 군인들을 해산시켰습니다. 무리한 진압으로 두 명이 목숨을 잃기까지 했습니다.

군인들은 몹시 흥분해 있었습니다. 그들은 소리 높여 구호를 외쳤습니다.

"정부는 약속한 보너스를 지급하라!"

"왜 우리의 목숨 값을 주지 않느냐?"

엘리너는 경호원들의 반대를 무릅쓰고 혼자서 시위대를 찾아갔습니다. 그리고 군인들의 이야기를 귀담아들었습니다.

멀찍이 서서 불안한 표정으로 엘리너를 지켜보던 경호원들은 깜짝 놀랐습니다. 엘리너가 군인들과 어깨동무를 하며 같이 행진하면서 노래를 부르는 것이었습니다.

엘리너를 보낸 사람은 프랭클린 루스벨트 대통령이었습니다. 엘리너가 군인들과 정부 사이를 조정한 덕분에 문제를 잘 해결할 수 있었습니다.

한번은 엘리너를 태운 차가 주유소에 들렀습니다. 차에 기름을 넣기 위해서였습니다.

그때 엘리너의 얼굴을 알아보고 한 청년이 차 옆으로 다가왔습니다. 헝클어진 머리칼에 수염이 텁수룩한 청년이었습니다.

"죄송합니다. 저는 이틀 동안 아무것도 먹지 못했습니다. 돈을 빌려 주신다면 다음에 꼭 갚겠습니다."

엘리너는 청년에게 10달러를 주며 말했습니다.

"돈은 취직한 다음 천천히 갚으세요. 그 대신 며칠 뒤에 저를 찾아오세요. 취직 문제를 의논해 보지요."

"고맙습니다."

청년은 돈을 받고 인사를 꾸벅 한 뒤 돌아갔습니다.

경호원이 말했습니다.

"괜한 일을 하셨어요. 저 청년은 돈도 갚지 않고 찾아오지도 않을 겁니다."

그러나 경호원의 예상은 빗나갔습니다. 며칠 뒤 청년은 머리와 수염을 깎은 단정한 모습으로 엘리너를 찾아온 것입니다.

엘리너는 청년을 반갑게 맞아 주었습니다.

"잘 오셨어요. 저는 꼭 다시 만날 줄 알았어요."

엘리너는 청년에게 좋은 음식을 대접한 뒤 국립 공원에 취직을 시켰습니다. 그 뒤 청년은 첫 월급을 받아 엘리너에게 빌린 돈을 갚았다고 합니다.

1941년 12월 7일, 일본은 하와이의 진주만을 기습 공격했습니다. 이에 미국은 이튿날 제2차 세계 대전 참전을 결정했고, 12월 11일 독일과 이탈리아는 미국에 선전 포고를 했습니다.

전쟁 기간 동안 엘리너는 군대의 사기를 높이려고 아시아와 유럽에 있는 부대들을 쉴 새 없이 방문했습니다. 몸이 불편한 프랭클린을 대신하여 그 일을 훌륭히 수행했습니다.

엘리너는 부대를 방문하면 군인들 앞에서 연설을 했습니다.

그러고는 군인들이 가족에게 보내는 편지들을 가지고 미국으로 돌아왔습니다.

엘리너는 이 일에 대해 나중에 이렇게 썼습니다.

나는 군인들 앞에 서면 요술을 부리고 싶었다. 그래서 그들이 간절히 보고 싶어하는 어머니나 아내, 또는 애인, 누이로 둔갑하고 싶었다.

1945년 4월 12일, 엘리너에게 불행이 닥쳤습니다. 1932년 대통령이 된 이래 1936년, 1940년, 1944년 이렇게 세 번이나 더 대통령에 당선되었던 프랭클린이 휴양차 들른 조지아 주의 웜스프링스에서 뇌출혈로 세상을 떠난 것입니다.

그 뒤에도 엘리너 루스벨트는 사회 활동을 계속했습니다. 트루먼 대통령이 그를 국제 연합 주재 미국 대표로 임명하여 세계 평화를 위한 일을 하게 되었습니다. 그는 1946년부터 1951년까지 유엔 인권위원회 의장으로서 '세계 인권 선언'을 마련하기 위해 혼신의 힘을 다했습니다.

세계 인권 선언에는 민주적인 헌법이 인정하는 인간의 주요한 시민적, 정치적 권리와 경제적, 사회적, 문화적 권리에 대한 정의가 들어 있습니다. 즉 인간의 시민적, 정치적 권리에는 '모든 인간은 사상과 양심과 종교의 자유를 누릴 권리를 갖는다. 모든 인간은 생존과 자유와 안전에 대한 권리를 갖는다.' 등이 있습니다. 모든 인간은 자유롭고 평등하게 태어났기 때문에 이성과 양심, 형제애의 정신으로 다른 사람을 대해야 한다는 것입니다.

세계 인권 선언은 1948년 12월 10일, 프랑스 파리에서 열린 총회에서 국제 연합 48개 회원국이 모인 가운데 정식으로 채택되었습니다. 그 순간, 엘리너 루스벨트는 감격의 눈물을 흘렸습니다.

'아, 이제 세계 모든 사람들이 사람 대접을 받으며 살 수 있게 되었구나. 인권 선언을 철저히 지켜 나간다면……'

엘리너 루스벨트는 1962년 79세로 세상을 떠날 때까지 세계 평화와 인권을 보호하는 일에 앞장섰습니다. 그는 역사가나 칼럼니스트들로부터 '20세기 미국 사회의 양심', '우리 시대 가장 영향력 있는 여성'이라고 불린, 세계의 퍼스트레이디였습니다.

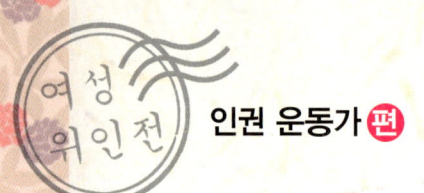

인권 운동가 편

노벨 평화상을 받은 과테말라의 원주민 인권 운동가

리고베르타 멘추

1959~ , 과테말라의 키체 족 원주민 가정에서 태어나 어려서부터 여러 농장에서 형편없는 품삯을 받으며 가족들과 중노동을 했다. 아버지가 백인 지주들과 과테말라 독재 정권의 횡포에 맞서 싸우기 위해 농민 연합 위원회를 만들자 아버지를 따라 이 단체에 가입했다. 남동생과 아버지, 어머니가 정부군에 의해 잇달아 살해당하자 1981년 멕시코로 망명하여 과테말라 독재 정부의 만행과 인디언 원주민들의 참상을 알리는 자서전 《나, 리고베르타 멘추》를 펴냈고, 1992년 노벨 평화상을 수상했다. 그 이후에도 원주민 인권 운동과 민주화를 위한 투쟁을 하고 있다.

1992년은 스페인의 탐험가 크리스토퍼 콜럼버스가 아메리카 대륙을 발견한 지 500주년이 되는 해였습니다. 한편 그 500주년 주간인 10월 16일, 노벨상 위원회는 그 해의 노벨 평화상 수상자를 발표했습니다.

"1992년 노벨 평화상 수상자는 과테말라의 키체 족 인디언인 리고베르타 멘추입니다. 그는 사회적 정의와 인종, 문화 간의 화합을 위해 힘써왔습니다. 그 공로를 인정하여 노벨 평화상을 수여하기로 결정했습니다."

이 발표가 난 뒤 멘추는 자신의 조국 과테말라로 향했습니다. 멕시코로 망명을 떠난 지 꼭 11년 만이었습니다.

과테말라에서는 콜럼버스의 아메리카 대륙 발견 500주년을 기념하는 갖가지 행사가 열리고 있었습니다. 주로 백인들이 주최하는 행사였습니다.

그러나 다른 한편에서는 이에 항의하는 과테말라 인디언 원주민들의 집회가 열렸습니다. 멘추는 이 집회에 참석하려고 11년 만에 고국으로 돌아온 것입니다.

멘추는 원주민들이 모인 자리에서 이렇게 연설했습니다.

"콜럼버스가 아메리카 대륙을 발견한 지 500주년이 되었습니다. 이날은 백인들에게는 자자손손 기념해야 할 축제의 날이기에 요란스레 화려한 행사를 열고 있습니다. 그러나 이날은 우리 원주민들에게는 축제의 날이 아니라 억압과 착취가 시작된 불행한 날입니다.

500년 전만 해도 이곳은 우리 원주민들이 평화와 행복을 누리며 살던 아름다운 땅이었습니다. 그러나 백인들이 총칼을 앞세우고 이 땅에 발을 들여놓음으로써 이 땅은 지옥으로 변해 버렸습니다. 우리 원주민들은 스페인 정복자들에게 모든 것을 빼앗기고 죽음의 공포와 절망 가운데 살아야 했습니다.

500년이 흘렀지만 우리 원주민들은 여전히 참담한 생활을 하고 있습니다. 과테말라에서는 지난 30년 동안 12만 명에 이르는 선량한 사람들이 백인 독재 정권에 의해 끔찍하게 살해당했습니다. 그들의 대부분은 우리 인디언 원주민들입니다."

과테말라는 중앙아메리카 북서단에 있는 공화국입니다. 중앙

아메리카에서는 세 번째로 큰 나라로, 북쪽과 서쪽은 멕시코, 동쪽은 벨리즈, 남동쪽은 온두라스, 남서쪽은 엘살바도르와 접해 있습니다.

500년 전에 과테말라에는 고대 마야 문명을 세운 마야족의 후손들이 살고 있었습니다.

1524년 멕시코의 정복자 코르테스의 부하인 알바라도는 과테말라 지역을 정복해 버렸습니다. 그리하여 이곳은 300년 동안 스페인의 지배를 받았습니다. 1821년 멕시코가 독립을 선언하자, 과테말라도 그 영향을 받아 독립을 선언했습니다.

과테말라 사람들은 크게 인디언 원주민과 라디노인으로 나눌 수 있습니다.

라디노인은 인디언과 스페인 사람의 혼혈로, 전 인구의 42퍼센트를 차지합니다. 그리고 인디언 원주민은 약 55퍼센트에 이르며, 마야족과 키체족으로 나누어집니다. 백인은 불과 2퍼센트에 지나지 않습니다.

하지만 과테말라의 지배 계층은 백인과 라디노인이었습니다. 인디언 원주민은 이들에게 대부분의 땅을 빼앗긴 채 노예와 다름없는 생활을 했습니다.

리고베르타 멘추는 1959년 1월 9일, 키체족 원주민인 아버지 비센테 멘추와 어머니 후아나 사이에서 태어났습니다.

어머니는 예로부터 전해 내려오는 고대 마야 문명의 풍습을 그대로 간직하고 있었습니다. 그래서 리고베르타를 낳자 아기에게 작은 주머니를 걸어 주었습니다. 그 주머니 속에는 소금, 마늘, 석회, 담배 부스러기가 들어 있었습니다. 어머니는 주머니를 흐뭇하게 바라보았습니다.

'옛 풍습대로 했으니 이제 리고베르타는 세상에 가득한 악과 싸울 힘을 얻었겠지?'

어머니는 마야 문명의 풍습에 따라 오두막에서 아기와 단둘이 있었습니다. 다른 가족들은 오두막에 얼씬도 할 수 없었습니다. 일주일 동안 아기와 함께 있도록 허락된 사람은 어머니뿐이었습니다.

일주일이 지나자 가족들은 양을 잡았습니다. 그리고 아이를 위해 오두막에 촛불을 켜 주었습니다.

리고베르타의 가족은 백인들에게 땅을 빼앗겨 깊은 산속으로 들어가 살았습니다. 그곳은 땅이 황폐해서 땅을 일구어 밭을 만드는 데 몇 년이 걸렸습니다. 인디언들은 대부분 손바닥만한 땅에 옥수수와 콩을 가꾸어도 서너 달치 양식밖에 얻지 못했습니다. 그래서 그들은 일 년 가운데 8~9개월은 남쪽 지방으로 품팔이 일을 하러 갔습니다.

남쪽 지방에는 커피, 목화, 사탕수수 등을 재배하는 큰 농장들이 있었습니다. 농장 주인들은 대부분 백인이었습니다. 그리고 농장 노동자들은 모두 인디언들이었습니다. 인디언들은 형편없는 품삯을 받으며 새벽 3시부터 한밤중까지 허리가 휘어지도록 중노동을 했습니다.

농장 감독들은 눈에 불을 켜고 인디언들을 감시했습니다. 열심히 일하지 않는다고 걸핏하면 호통을 치고 매질을 했습니다. 그리고 커피 열매를 따다가 나뭇가지라도 부러뜨리면 바로 품삯을 깎아 버렸습니다.

인디언들은 필요한 물건을 농장 주인이 운영하는 매점에서 샀습니다. 물건 값은 다른 데보다 몇 배 더 비쌌습니다. 하지만 매점만 이용해야 하기 때문에 어쩔 수 없이 물건을 샀습니다. 모두 외상이었습니다. 그래서 힘들게 일하고도 외상을 제하고 나면 손에 쥐는 품삯은 거의 없었습니다.

리고베르타는 여덟 살 때부터 가족들과 함께 농장 일을 시작했습니다. 한 푼이라도 더 벌기 위해 쉬지 않고 일했습니다.

리고베르타는 어린 시절 오빠 펠리페를 농장에서 잃었습니다.

커피 농장에서는 비행기로 밭에 살충제를 뿌렸습니다.

그런데 그동안에도 노동자들을 쉬게 하지 않으려고 그대로 일을 시켰습니다. 그 바람에 리고베르타의 오빠는 살충제에 중독되어 목숨을 잃은 것입니다.

또한 리고베르타는 여덟 살 때 두 살짜리 남동생 니콜라스를 잃었습니다. 영양 실조에 걸린 니콜라스는 배가 임신부처럼 부풀어 올랐습니다. 그리고 보름 동안 악을 쓰고 울었습니다.

어머니는 아픈 니콜라스를 돌볼 수도 없었습니다. 일을 하지 않으면 농장에서 바로 쫓겨나기 때문입니다.

"니콜라스, 정신 차려라! 니콜라스!"

어린 동생은 결국 치료도 받지 못하고 숨을 거두고 말았습니다.

"흐흐흑! 불쌍한 것! 세상에 태어나 제대로 먹지도 못하고 서둘러 하늘나라로 떠났구나."

가족들은 니콜라스의 시신 앞에서 뜨거운 눈물을 흘렸습니다.

리고베르타는 남동생의 죽음을 겪고 나서 크나큰 분노를 느꼈습니다.

'니콜라스가 죽은 것도, 우리가 이렇게 힘든 것도 모두 우리 인디언들을 노예처럼 부려먹는 백인 농장 주인들 때문이야. 우리는 언제까지 이렇게 살아야 하나?'

리고베르타의 어머니는 농장 감독에게 장례를 도와 달라고 청했습니다.

그러자 감독이 말했습니다.

"좋아. 시신을 묻을 땅을 구해 주지. 그 대신 땅 값을 정확히 내놓아야 해."

"감독님, 저희에게는 땅을 살 돈이 없습니다."

"돈도 없이 어떻게 장례를 치르나? 시신을 농장에 두면 곧 썩고 말 거야. 그러니 당장 시신을 들고 농장에서 나가!"

"감독님, 제발 한번만 봐 주십시오. 땅을 구해 주시면 나중에 일을 해서라도 갚겠습니다."

어머니는 감독에게 통사정을 했습니다.

"그럼 땅을 내줄 테니 우리 농장에서 한 달 동안 품삯을 받지 않고 일하겠나?"

"예, 그렇게 하겠습니다."

감독은 농장 구석진 땅에 니콜라스를 묻도록 허락했습니다. 그래서 리고베르타의 가족은 간신히 니콜라스의 장례를 치를 수 있었습니다.

그러나 감독은 리고베르타의 가족이 장례를 마치고 돌아오자 갑자기 화를 내며 말했습니다.

"일이 바빠 죽겠는데 모두들 자리를 뜨면 어떡해? 아기 묻는 일은 혼자서도 할 수 있잖아. 너희 같은 게으름뱅이들은 우리 농장에서 필요 없어. 모두 꺼져! 그동안 일한 품삯은 땅 값으로 대신할 거야. 그러니 너희에게 내줄 돈은 한 푼도 없어."

이리하여 리고베르타의 가족은 농장에서 쫓겨나고 말았습니다. 리고베르타 가족은 이웃에 있는 다른 농장으로 옮겼습니다. 하지만 그 농장도 인디언들을 노예처럼 부려먹고 가혹하게 대하기는 마찬가지였습니다. 인디언들은 늘 먹을 것도 제대로 먹지 못하고 백인 농장주들에게 혹사당하면서, 밤낮없이 뜨거운 햇볕 아래서 일을 했습니다.

농장에서 일하는 인디언들은 야자수 잎으로 지붕을 엮은 임시 막사에서 무려 400명이 같이 지냈습니다.

리고베르타가 열 살 때의 일입니다.

어느 날 밤, 리고베르타는 잠에서 깨어나 촛불을 켰습니다. 그는 곁에서 잠든 오빠들의 얼굴을 보고 깜짝 놀랐습니다.

"어머머! 얼굴이 온통 모기와 파리로 덮여 있네!"

리고베르타는 자기 얼굴을 만져 보았습니다. 자기 얼굴에도 모기와 파리가 잔뜩 앉아 있었습니다. 리고베르타는 입을 벌리고 잠든 사람들을 보고는 더욱 놀랐습니다.

"세상에! 입속에도 모기와 파리들이 무더기로 들어 있어."

리고베르타는 농장 생활이 끔찍하게 싫었습니다. 이렇게 처참한 환경 속에서 계속 살아야 하는지 회의가 들었습니다. 인간이 누려야 할 최소한의 권리조차 누릴 수 없는 생활이 싫었습니다.

리고베르타는 열네 살 때 친한 친구를 농장에서 잃었습니다. 친구는 농장에서 일하다가 밭에 뿌린 농약에 중독되어 목숨을 잃은 것이었습니다. 리고베르타는 큰 충격을 받았습니다.

'이제는 더 이상 지옥 같은 농장에서 일하고 싶지 않아. 우리 인디언들이 이렇게 인간 이하의 대접을 받으며 사는 것은 배우지 못한 탓이야. 인디언들 가운데 글을 읽고 쓸 수 있는 사람이 많지 않잖아. 나는 꼭 스페인말을 배울 거야.'

리고베르타는 농장에서 나와 과테말라의 수도인 과테말라시티의 어느 부잣집에 식모로 들어갔습니다.

리고베르타가 처음 오던 날, 부잣집 여주인은 리고베르타를 위아래로 훑어보았습니다.

"너는 신발도 신지 않았구나. 그래서야 어떻게 우리 집에서 일하겠니? 내가 신발 한 켤레를 사주마."

여주인은 리고베르타에게 싸구려 신발을 사주었습니다. 그러더니 신발 값을 첫 월급에서 정확히 뺐습니다.

여주인은 지독한 사람이었습니다. 리고베르타를 하루 종일 부려먹으면서도 음식을 말라빠진 옥수수빵을 줄 뿐이었습니다. 자기들이 먹다 남긴 음식조차 주지 않았습니다.

리고베르타는 그 집에서 개만도 못한 대우를 받았습니다. 개에게는 고깃덩이 같은 기름진 음식을 주면서 리고베르타에게는 옥수수빵조차 주지 않는 날도 있었습니다.

여주인의 아들들도 리고베르타를 깔보고 업신여겼습니다. 툭하면 물건을 집어던지고 욕설을 퍼붓기 일쑤였습니다.

'아, 인디언 원주민이라는 이유만으로 이런 대우를 받아야 하다니……. 참으로 서글프구나.'

온갖 수모를 당하며 하루하루를 보내던 어느 날, 리고베르타에게 놀라운 소식이 날아들었습니다.

"뭐? 아버지가 감옥에 갇히셨다고?"

깜짝 놀란 리고베르타는 식모를 그만두고 고향집으로 달려갔습니다.

리고베르타가 식모로 떠나 있는 동안, 리고베르타의 가족은 고향으로 돌아와 땅을 일구었습니다. 애쓴 보람이 있어 그 땅에서는 농산물을 거두어들이게 되었습니다.

그런데 그 무렵 난데없이 백인 지주들이 나타나서 말했습니다.

"이 땅은 우리 것이오. 당신들이 2년 뒤에 우리에게 땅을 넘긴다고 서명하지 않았소?"

리고베르타의 아버지 비센테는 마을의 지도자였습니다. 백인 지주들은 비센테에게 서류 한 장을 보여 주었습니다. 그러나 비센테는 글을 모르는 까막눈이었습니다. 2년 전에 백인 지주들은 비센테를 속여 '인디언들이 인디언 마을의 땅을 백인 지주들에게 넘긴다'는 서류에 서명을 하게 했던 것입니다.

"이것은 사기요. 사기로 맺은 계약은 무효란 말이오."

비센테는 백인 지주들에게 거세게 항의했습니다. 그러자 백인 지주들은 자기들이 고용한 군인들을 보내어 마을 사람들을 쫓아내고 땅을 빼앗아 버렸습니다.

비센테는 너무도 억울하여 과테말라 노동 조합에 도움을 청했습니다. 그리고 정부 관리들을 만나고 변호사를 선임했습니다.

백인 지주들도 가만있지 않았습니다. 비센테에게 치안을 어지럽혔다는 죄를 뒤집어씌워 감옥에 가두어 버렸습니다.

1년 2개월 동안 감옥살이를 한 비센테는 감옥 안에서 투사로 변했습니다.

"백인 지주들과 독재 정권의 횡포에 그대로 당하고 있으면 안 된다. 우리 원주민들이 힘을 합하여 그들에 맞서 싸워야 한다. 그것이 우리의 권리와 이익을 되찾는 길이다."

비센테는 감옥에서 나온 후 농민 연합 위원회를 만들었습니다. 인디언 원주민 농민들이 자신의 권리를 지키기 위한 단체였습니다.

리고베르타도 아버지를 따라 이 단체에 가입해 활동했습니다. 그는 원주민 마을을 돌아다니며 부인회, 청년회, 어린이회를 만드는 일을 도왔습니다.

비센테는 이제 농민 연합 위원회를 이끄는 원주민 전체의 지도자가 되어 있었습니다. 백인 지주들과 독재 정권은 비센테를 눈엣가시처럼 여겼습니다. 그래서 농민 연합 위원회를 탄압하고 비센테를 죽이려고 했습니다.

비센테는 리고베르타에게 늘 이런 말을 했습니다.

"리고베르타, 명심해라. 백인이든 흑인이든 인디언이든 하느님 앞에서는 모두 평등한 인간이다. 우리는 인간의 평등을 위해 끝까지 싸워야 한다."

리고베르타는 아버지의 가르침을 가슴에 깊이 새겼습니다. 그리고 억압받는 과테말라 원주민들을 구하는 일에 발 벗고 나섰습니다.

1970년의 과테말라는 내전중이었습니다. 좌익 게릴라들이 조직되어 과테말라 정부군에 맞서 싸웠습니다. 게릴라들이 활동하는 곳은 인디언 원주민들이 사는 서쪽 고지대였습니다. 정부군은 게릴라들을 소탕한다면서 엉뚱하게도 인디언들을 마구 죽였습니다.

인디언들은 게릴라들과 아무 관련이 없었습니다. 그런데도 정부군은 인디언 마을을 수없이 습격했습니다. 그래서 그 시기에 죽은 인디언들만 해도 5만 명에 이르렀습니다.

리고베르타는 인디언 마을을 돌아다니며 이렇게 말했습니다.

"정부군의 습격에 대비해야 합니다. 마을에 탈출구와 비밀 아지트를 만드십시오. 그리고 길에 덫을 놓고 집집마다 함정을 파고 올가미를 쳐 놓아야 합니다."

리고베르타는 인디언들을 지키는 일에 온 힘을 기울였습니다.

그러나 정작 자신의 가족은 지키지 못했습니다.

1979년 9월, 리고베르타의 남동생 페트로치니오가 군인들에게 붙잡혀 비참하게 죽었습니다. 모진 고문을 받고 인디언 원주민들이 지켜보는 가운데 산 채로 불에 타 죽은 것입니다. 그 처형 현장에는 리고베르타와 그의 가족이 있었습니다.

넉 달 뒤에는 리고베르타의 아버지 비센테가 죽었습니다.

"과테말라 정부군은 우리 인디언 원주민들을 닥치는 대로 마구 죽이고 있습니다. 이러한 잔혹한 행위를 세계에 널리 알려야 합니다."

1980년 1월, 비센테는 이렇게 말하며 농민 연합 위원회 회원 30여 명과 과테말라시티에 있는 스페인 대사관을 점거하고 농성을 벌였습니다. 정부군은 대사관 건물에 불을 질러 버렸습니다. 그리하여 비센테를 비롯하여 그 안에 있던 37명이 모두 불에 타 죽은 것입니다.

1980년 4월에는 리고베르타의 어머니 후아나가 죽었습니다.

후아나는 군인들에게 붙잡혀 고문을 당한 뒤 처참하게 살해되었습니다. 군인들은 잔혹하게도 가족이 시체를 가져가지 못하게 넉 달 동안 감시했다고 합니다.

리고베르타 멘추는 가족을 잃는 큰 불행을 당했지만 슬픔에 잠겨 있지만은 않았습니다. 그는 과테말라 원주민들의 전체 지도자

로 떠올라 원주민 인권 운동에 혼신의 힘을 다했습니다.

과테말라 독재 정부는 리고베르타 멘추를 내버려 두지 않았습니다. 군인들을 보내 그를 붙잡아 죽이려고 했습니다.

1981년 리고베르타 멘추는 이들의 추적을 피해 멕시코로 망명을 떠났습니다.

그는 과테말라에서 자기 가족과 인디언 원주민들이 당한 가혹한 탄압을 잊을 수가 없었습니다.

"지난 30년 동안 12만 명에 이르는 우리 원주민들이 목숨을 빼앗겼습니다. 실종된 사람은 4만6천 명이나 되고, 100만 명이 넘는 사람이 과테말라에서 추방되었습니다."

리고베르타 멘추는 세계를 돌아다니며 과테말라 독재 정부의 만행과 박해받는 인디언 원주민들의 참상을 알렸습니다. 그리고 스페인말을 배워 자신이 살아온 이야기를 적은 〈나, 리고베르타 멘추〉라는 자서전을 펴냈습니다. 이 책은 세계적인 반향을 일으켰습니다. 세계 사람들은 과테말라 인디언들이 얼마나 큰 박해를 받는 지 알게 되었습니다. 그리하여 그는 원주민 인권 운동가로 세계에 널리 알려졌으며, 1992년에는 노벨 평화상을 받게 되었습니다.

리고베르타 멘추는 지금도 과테말라에서 독재 정권에 맞서 싸우고 있습니다. 그는 대통령 선거에 출마하여 조국 과테말라와 인디언 원주민들을 위해 일할 날을 기다리고 있습니다.

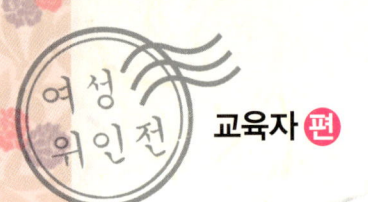

교육자 편

'몬테소리 교육법'을 만든 교육자

마리아 몬테소리

1870~1952, 이탈리아 키아라발레에서 태어나, 이탈리아 여성으로는 처음으로 로마 대학에 들어가 의학을 공부했다. 로마 대학 부속 병원에서 의사로 일하면서 정신 장애아들에게 관심을 갖기 시작했으며, 1899년 로마의 특수 교육 학교 교장이 되어 자신이 개발한 교육 방법으로 정신 장애아들을 가르쳤다. 그리고 1907년 로마의 빈민가인 산로렌초에 어린이집을 세우고, 정신 장애아에게 썼던 교육 방법을 생후 두 달부터 여섯 살까지의 어린이들에게 적용했다. 이 교육 방법은 큰 성공을 거두어 '몬테소리 교육법'이라 하여 전 세계로 퍼져 나갔다. 대표 저서로 〈몬테소리 교육 방법〉, 〈인간의 잠재력 교육〉 등이 있다.

한 여자아이가 떼를 쓰며 울고 있었습니다.

"엄마, 배고파. 배고파 죽겠단 말이야."

"마리아, 조금만 참아라. 엄마가 요리를 해서 저녁을 줄게."

어머니는 마리아를 달랬습니다. 그날은 가족이 4주 동안 휴가를 보내고 집으로 돌아온 날이었습니다. 짐을 정리하고 밀린 집안일을 하다 보니 저녁 준비가 늦었습니다. 그런데 마리아는 제때 저녁을 주지 않는다고 난리였습니다.

"싫어, 싫어! 당장 저녁을 줘! 배고프다니까!"

마리아가 막무가내로 떼를 쓰자, 어머니는 오래된 빵 조각을 내놓으며 말했습니다.

"좋아. 정 기다리지 못하겠다면 이 빵이라도 먹어라. 이 빵은 엄마가 휴가를 떠나기 전에 만들어 놓은 거야. 너무 오래되어 딱딱하고 곰팡이가 슬었지."

마리아는 빵을 건네받았습니다. 하지만 아무리 배가 고파도 곰팡이가 잔뜩 슨 빵을 먹을 수는 없었습니다. 마리아는 더 이상 보채지 않고 어머니가 저녁을 차릴 때까지 얌전히 기다렸습니다.

마리아의 어머니 레닐데 스토파니는 지혜롭고 동정심이 많은 사람이었습니다. 그래서 어린 마리아에게 귀에 못이 박히도록 이런 말을 했습니다.

"마리아, 너는 너보다 못한 사람을 도우며 살아야 한다."

어머니는 마리아에게 가난한 사람들이 입을 옷을 뜨개질하게 했습니다. 그뿐 아니라 다리가 불편한 친구의 산책을 돕게 했습니다.

마리아의 아버지 알렉산드로 몬테소리는 오스트리아와의 전쟁에 참전하여 무공 훈장을 받고, 교황 정부에서 재무 사무관으로 일한 경력이 있었습니다. 그 뒤에는 이탈리아 정부에서 회계사로 근무했습니다.

마리아 몬테소리는 1870년 8월 31일, 이탈리아 안코나 근처에 있는 키아라발레에서 아버지 알렉산드로와 어머니 레닐데의 외동딸로 태어났습니다.

마리아의 가족은 마리아가 태어난 후 피렌체(플로렌스)로 이사했다가 이탈리아의 수도인 로마에 정착했습니다. 마리아가 여섯 살 때의 일입니다.

마리아는 이듬해에 초등학교에 들어갔습니다. 학교에서 마리아는 그리 뛰어난 아이가 아니었습니다. 성적도 좋지 않았습니다. 2학년 때까지 학교에서 받은 상은, 몸이 불편한 친구들을 잘 돕는다고 받은 선행상과 바느질, 요리를 잘한다고 받은 상뿐이었습니다.

1학년 때 담임 선생님이 학생들에게 말했습니다.

"오늘 여학생 여러분은 위대한 여성 위인의 전기를 배웠어요. 여러분도 이들의 삶을 배우고 본받기 위해 여성 위인의 전기를 통째로 외우도록 해요."

그때 마리아가 손을 번쩍 들었습니다.

"선생님, 저희에게 그런 숙제는 내주지 마세요. 여성 위인의 전기가 얼마나 긴데 그것을 통째로 외워요? 그리고 저는 이 자리에서 굳게 맹세했어요. 절대로 훌륭한 여성 위인이 되지 않겠다고요. 저는 미래에 태어날 아이들을 무척 사랑하거든요. 그 아이들에게 내 전기를 외우는 수고를 끼칠 수는 없어요."

마리아는 당돌하고 고집이 센 아이였습니다. 친구와 다투고 나면 '너랑은 앞으로 말도 안 할 거야!' 라고 소리쳤습니다. 그리고는 절대로 먼저 입을 열지 않았습니다.

열 살 때 마리아는 병이 들어 심하게 앓았습니다. 어머니는 걱정이 되어 밤새도록 마리아를 간호했습니다. 마리아는 끙끙 앓는 소리를 내면서도 어머니에게 이렇게 말했습니다.

"엄마, 너무 걱정 말아요. 나는 죽지 않으니까. 내가 이 세상에서 할 일이 얼마나 많은데, 쉽게 하늘나라로 갈 것 같아요? 어림없지요."

다행히 병도 낫고, 마리아는 학년이 올라가면서 공부에도 재미를 붙였습니다. 역사, 지리, 과학, 수학, 불어 등 여러 과목을 골고루 잘하게 되었습니다.

그중에서도 마리아가 가장 잘하고 좋아하는 과목은 수학이었습니다. 그는 언제나 수학책을 가슴에 품고 살았습니다. 마리아는 부모님과 함께 극장에 자주 갔는데, 그때도 수학책을 들고 갔습니다. 그래서 연극이 재미없고 지루하면 수학책을 펼쳐 놓고 문제를 풀었습니다.

초등학교 졸업을 앞둔 어느 날, 마리아는 부모님께 말했습니다.

"저는 학교를 졸업하면 공업학교에 진학하겠어요. 공업학교에서 수학을 좀더 공부하고 싶어요."

"초등학교까지 마쳤으면 됐지, 여자가 공부는 무슨 공부야? 집에서 살림이나 돕다가 나이가 차면 시집이나 가야지."

아버지는 마리아의 진학에 반대했습니다.

당시 이탈리아에서는 대부분의 여성이 학교는 초등학교까지만 다녔습니다. 여성은 공부를 많이 할 필요가 없다고 생각하던 시대였기 때문입니다. 따라서 여성이 상급 학교에 진학하는 것은 상상조차 하기 힘든 일이었습니다.

"아버지, 저는 다른 여자들처럼 살고 싶지 않아요. 저도 남자들과 경쟁하여 당당하게 제 인생을 개척하고 싶어요."

마리아는 기술자가 되겠다며 꼭 학교에 보내 달라고 떼를 썼습니다.

어머니가 말했습니다.

"마리아는 우리에게 하나밖에 없는 자식이에요. 원하는 대로 해줍시다."

마리아는 결국 아버지를 설득하는 데 성공했습니다. 그리하여 초등학교를 졸업하자 미켈란젤로 브오나로치 왕립 공업학교에 입학했습니다.

이 학교 3년 과정을 마친 마리아는 레오나르도 다빈치 왕립 공업 연구소를 다녔습니다.

기술자의 꿈을 가졌던 마리아는 이제 의사의 꿈을 키우고 있었습니다. 의사가 되려면 의학을 공부해야 하는데, 당시 이탈리아에서는 여학생이 의과 대학에 입학하는 것을 허락하지 않았습니다. 그래서 마리아는 궁리 끝에 로마 교황 레오 8세에게 편지를 썼습니다.

　　이탈리아에서는 아직까지 여자 의사가 한 사람도 없습니다. 이탈리아의 의과 대학에서는 여학생을 신입생으로 뽑지 않기 때문입니다.
　　여자 환자들에게는 여자 의사가 필요합니다. 마음 편하게 치료를 받을 수 있으니까요.
　　저는 여자 환자들을 치료하는 의사가 되고 싶습니다. 하지만 이탈리아의 의과 대학에서는 저를 신입생으로 뽑아 주려고 하지 않습니다.
　　교황께서는 여학생도 의과 대학에 입학할 수 있도록 힘써 주십시오.

　마리아의 간절한 호소는 교황의 마음을 움직였습니다. 교황은 여학생을 신입생으로 뽑아 달라고 이탈리아의 의과 대학에 청했습니다. 이 청은 받아들여졌고, 마리아는 로마 대학에 들어가 의학을 공부하게 되었습니다.
　입학은 했지만 대학 생활은 결코 쉽지 않았습니다. 모든 수업이 남학생 위주로 진행되었고, 마리아는 여학생이라고 심한 차별

을 받았습니다.

　마리아가 강의실에 들어갈 때도 남학생들이 모두 앉은 뒤에야 마지막으로 들어갈 수 있었습니다. 그때 남학생들은 마리아에게 야유를 보내기 일쑤였습니다.

　그러나 마리아는 절대로 기죽지 않았습니다. 남학생들이 야유를 보내면 이렇게 대꾸했습니다.

　"남학생 여러분, 좀더 크게 소리를 지르세요. 그럴수록 나는 더 힘을 얻으니까."

마리아 몬테소리

의과 대학에서 가장 중요한 과목 가운데 하나가 해부학이었습니다. 해부학 시간은 사람의 시체를 해부하여 그 내부 기관을 공부하는 시간이었습니다. 그러나 마리아는 남학생들과 함께 해부학 실습을 할 수 없었습니다. 남학생들이 모두 돌아가면 실습실에 혼자 남아 시체 해부를 해야 했습니다.

마리아는 첫날 해부학 실습을 하고 나서 친구에게 이런 편지를 써 보냈습니다.

해부학 실습실은 지옥이나 다름없었어. 나는 그곳에서 똑바로 세워 놓은 해골을 보았지.

문득 이상한 느낌이 들어 뒤돌아보니, 선반 위에는 알코올을 채운 병에 담긴 내장과 두개골이 줄줄이 놓여 있었어.

그것들을 보고 있자니, 살아서 꿈틀꿈틀 움직이는 것처럼 느껴졌어.

순간, 하마터면 나는 비명을 지를 뻔했지.

……아, 나는 무슨 잘못을 저질렀기에 죽은 사람들 가운데 있는 걸까?

마리아는 혼자서 해부학 실습을 하며 공포와 혐오감을 느꼈습니다. 그날 밤 집으로 돌아와서는 밤새 한숨도 자지 못했습니다.

'해부학 실습 따위에 겁을 집어먹다니……. 그래서야 어디 의학 공부를 계속하겠는가? 나는 의사가 될 자격이 없어.'

마리아는 이런 생각을 하며 밤을 꼬박 새웠습니다. 그날 밤 마리아는 교수 앞으로 편지를 썼습니다. 의학 공부를 그만두겠다는 내용이었습니다.

어느새 날이 밝아 아침이 되어 있었습니다.

마리아는 집에서 나와 공원으로 갔습니다. 공원에는 어느 거지 여자가 서너 살쯤 된 아이를 데리고 맞은편에서 걸어왔습니다. 아이는 색종이를 접으며 방실방실 웃고 있었습니다.

그 아이를 보는 순간, 마리아의 가슴을 짓누르던 절망감이 갑자기 사라졌습니다. 하늘을 날아다니는 듯 상쾌한 기분이 들었습니다.

집으로 돌아온 마리아는 교수 앞으로 썼던 편지를 찢어 버렸습니다. 그리고 그 뒤부터는 마음을 다잡고 열심히 의학 공부를 했습니다. 그 결과 마리아는 의학 공부를 마치고 1896년 로마 대학에서 의학 박사 학위를 받을 수 있었습니다. 이탈리아 여성으로서는 처음이었습니다.

마리아는 학위 수여식을 마친 뒤 기쁜 마음으로 친구에게 편지를 써 보냈습니다.

나는 결국 해냈어. 내 힘으로 의학 박사 학위를 따낸 거야. 지금 생각해 보니 이 일은 그리 어렵지 않았어. 나는 늘 해 왔던 대로 냉정함을 잃지 않고, 용기를 가지고 맞섰거든. 따라서 누구나 원하기만 하면 할 수 있는 일이야. 물론 끊임없는 노력이 있어야 하지만……

마리아 몬테소리는 로마 대학 부속 병원 정신과 병동에서 의사 생활을 시작했습니다. 그가 맡은 일은 정신병을 앓는 아이들을 치료하고 돌보는 것이었습니다.

마리아 몬테소리는 정신 장애아들을 접하면서 충격을 받았습니다. 아이들은 어른들과 함께 감옥과 다름없는 방에 갇혀 있었습니다. 수업을 받기는커녕 가지고 놀 장난감도 없었습니다.

감시원들은 아이들을 업신여기며 무시했습니다.

마리아 몬테소리는 보다 못해 감시원을 나무랐습니다.

"아이들을 왜 그리 함부로 대해요? 좀 친절하게 대해 주면 안 돼요?"

"어디 사람 같아야 인간 대우를 하지요. 쟤네들은 짐승보다 더 지저분한 아이들이에요. 땅바닥에 떨어진 빵 부스러기를 가지고 노니까요."

마리아는 감시원의 말을 듣고 생각했습니다.

'이 사람은 아이들이 왜 빵 부스러기를 가지고 노는지 모르는군. 그것은 장난감이 없기 때문이야.'

마리아 몬테소리는 정신 장애아들에게 관심을 갖기 시작했습니다. 어떻게 하면 이들을 도울 수 있을지 교육 방법과 교재를 연구했습니다.

1899년, 마리아 몬테소리는 로마의 특수 교육 학교 교장이 되었습니다. 이 학교는 정신 장애아들을 위한 학교인데, 아침부터 저녁 7시까지 수업을 했습니다.

마리아 몬테소리는 자신의 교육 방법을 개발하여 아이들을 가르쳤습니다. 그런데 그 교육 방법이 매우 뛰어나서 많은 사람들을 놀라게 했습니다.

"이 아이들은 정신 장애 때문에 보통 학교에 다닐 수 없어 이 학교에 들어왔잖아. 그런데 읽기, 쓰기, 계산하기 능력은 정상아와 똑같은걸. 아니, 정상아보다 더 뛰어난 아이들도 있어."

"이건 기적이야. 몬테소리 교장 선생님이 기적을 만들었어."

2년 뒤, 마리아 몬테소리는 로마 대학에 다시 입학하여 실험 심리학과 교육학을 공부했습니다. 그리고 1904년부터 로마 대학에서 강의를 시작했습니다.

1907년 마리아 몬테소리는 로마의 빈민가인 산로렌초에 어린이집을 세웠습니다. 두 살부터 여섯 살까지의 어린이들을 돌보며

그는 정신 장애아에게 쓰던 교육 방법을 이들에게 적용했습니다. 그것은 몬테소리가 개발한 여러 가지 도구들을 아이들에게 주어 스스로 놀게 하는 것입니다. 이를테면 모래종이로 만들어진 글자판을 손가락으로 더듬는 놀이를 하고, 그런 가운데 저절로 글자를 익히게 합니다. 그러니까 '몬테소리 교육법'은 아이들에게 놀이 도구를 주어 그것을 가지고 놀게 함으로써 아이들이 스스로 배우게 하는 것입니다.

어린이집은 큰 성공을 거두었습니다. 그러자 몬테소리 교육법을 쓰는 학교들이 세계 곳곳에 세워졌으며, 몬테소리 운동은 전 세계로 퍼져 나갔습니다.

그 후 마리아 몬테소리는 유럽, 인도, 미국 등지를 다니며 강연과 저술 활동을 활발하게 했습니다.

몬테소리 운동은 유아 교육에 큰 영향을 끼쳤습니다.

1952년 몬테소리가 세상을 떠난 뒤에도 몬테소리 교육법은 세계 모든 나라에서 활발하게 펼쳐졌습니다.

몬테소리는 유아 교육의 대명사처럼 불리고 있으며, 오늘날 유아 교육의 새 시대를 연 최고의 교육자로 평가되고 있습니다.

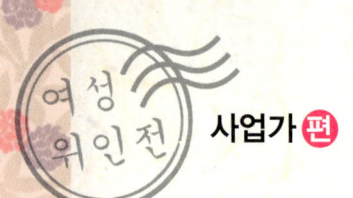

20세기 가장 뛰어난 여성 사업가

메리 케이 애시

1918~2001, 늘 '너는 할 수 있어.'라는 말로 용기를 주는 어머니 덕분에 어려서부터 독립심을 기를 수 있었다. 가정용품을 파는 스탠리 회사에서 '판매 여왕'에 뽑히는 등, 판매 사원으로 25년 동안 일하다 1963년 메리 케이 화장품 회사를 세워 세계 각국에 100만 명의 판매 사원을 거느린 세계적인 기업으로 만들었다. 메리 케이 화장품 회사는 '미국인이 가장 일하고 싶은 미국 100대 기업', '포춘 500대 기업', '여성이 가장 좋아하는 10대 기업' 등으로 여러 번 뽑혔으며, 1999년 메리 케이 애시는 여성 사업가 가운데 20세기 가장 뛰어난 여성 사업가로 뽑혔다.

메리는 아침 7시에 잠이 깼습니다. 어머니는 이미 출근하여 집에 없었습니다.

　메리의 어머니는 미국 휴스턴의 어느 레스토랑에서 지배인으로 일하고 있었습니다. 날마다 새벽 5시에 집을 나서면 밤 9시가 넘어서야 집으로 돌아왔습니다. 출퇴근 시간을 빼고도 하루 열네 시간을 레스토랑에서 근무하는 것입니다.

　메리의 아버지는 폐결핵을 앓고 있었습니다. 요양소에서 3년 동안 지내다가 메리가 여덟 살 때 집으로 돌아왔습니다. 하지만 여전히 약을 먹고 누워 지내야 하기에 아버지는 돈을 벌 수 없었습니다. 할 수 없이 어머니가 생계를 떠맡아 식구들을 위해 일해야 했습니다.

　메리는 어머니를 보는 날보다 보지 못하는 날이 더 많았습니다. 형제들은 모두 집 밖에서 살아 메리는 학교에 다니며 집안일을 돌보았습니다.

　메리는 하루 일과가 변함이 없었습니다. 아침에 일어나면 아버지에게 식사를 차려 드리고 학교 갈 준비를 했습니다. 그러고는 여덟 시 반쯤 학교에 가서 수업을 받고 오후에 집으로 돌아오면 청소를 했습니다. 청소를 마치면 빨래를 하고, 학교 과제물을 한 다음 책을 읽었습니다. 그리고 저녁때가 되면 식사 준비를 합니다. 어머니가 밤늦게 오시기 때문에 저녁 요리는 메리 몫입니다.

　메리는 아버지에게 늘 공손히 물었습니다.

"아버지, 오늘 저녁에는 무엇을 드시고 싶으세요?"

"글쎄다. 오랜만에 감잣국을 먹어 볼까?"

　아버지가 드시고 싶은 요리를 말하면 메리는 곧바로 어머니에게 전화를 했습니다. 이제 겨우 여덟 살이어서 자기 힘으로는 요리를 할 수 없었기 때문입니다.

　메리에게서 전화가 오면 어머니는 아무리 바빠도 반드시 통화를 했습니다.

"메리야, 무슨 일이니?"

"엄마, 오늘은 아빠가 감잣국을 드시겠대요. 감잣국 만드는 방법을 알려 주세요."

"감잣국을 끓이려면 우선 감자를 찾아 껍질을 벗기고, 물에 잘 씻어야 해. 부엌에 감자 자루가 있으니 서너 개만 꺼내라. 감자국을 끓일 냄비도 부엌에 있으니 꼭 챙기고……."

여덟 살 소녀가 요리를 한다는 것은 쉬운 일이 아니었습니다. 어머니도 그 사실을 알고 메리가 알아듣도록 요리 방법을 쉽게 설명했습니다. 그런 다음 꼭 덧붙이는 말이 있었습니다.

"메리야, 이제 잘 알겠지? 그럼 바로 요리를 시작해라. 너는 할 수 있어."

'너는 할 수 있어.'라는 말은 메리에게 큰 힘이 되었습니다. 반드시 해내리라는 믿음이 담긴 말이기에, 메리는 포기하지 않고 무슨 일이든 잘할 수 있었습니다.

메리는 월요일부터 금요일까지 토요일만 손꼽아 기다렸습니다. 토요일이면 어머니가 머리맡에 놓고 간 1달러 50센트를 가지고 휴스턴 시내로 쇼핑을 갈 수 있었기 때문입니다.

메리는 늘 혼자서 전차를 타고 시내로 갔습니다. 친구들과 같이 가고 싶었지만, 친구들의 부모님들이 아이들끼리는 위험하다고 허락하지 않았던 것입니다.

메리는 시내에 가면 옷가게에 들러 옷을 사 입었습니다. 원피스나 블라우스 한 벌 값이 보통 60~70센트였습니다. 옷가게에 가면 점원들은 돈을 받을 생각은 안 하고 꼭 이렇게 물었습니다.

"마음에 드는 옷을 골랐니? 그런데 엄마는 어디 있니?"

그러면 메리는 앵무새처럼 이런 말을 되풀이했습니다.

"엄마는 직장에서 일하고 계세요. 제가 전화번호를 가르쳐 드릴 테니 전화해 보세요. 제가 엄마 허락을 받고 옷을 사러 왔다는 걸 알게 되실 거예요."

옷을 사면 그 다음에 들르는 곳이 콜라와 샌드위치를 파는 식당이었습니다. 거기서 점심을 때우고 극장에 갔습니다. 그렇게 혼자 쇼핑을 하고 영화까지 보고도 주머니 속에 30센트를 남겼습니다.

메리는 자신이 혼자 하기 벅찬 일도 과감하게 도전했습니다. '너는 할 수 있어.'라는 말로 용기를 주는 어머니가 있었기 때문입니다. 그런 환경에서 자랐기 때문에 메리는 어려서부터 독립심을 기를 수 있었습니다.

메리는 어릴 적에 어머니에게 자주 듣는 말이 또 있었습니다.

"메리야, 남들도 하는 일이라면 너는 남들보다 더 잘할 수 있어. 걱정하지 마라."

메리는 귀에 못이 박히도록 이 말을 들었습니다. 그러다 보니 자신이 정말 남들보다 더 잘할 수 있다는 신념을 가졌습니다.

'엄마 말씀이 옳아. 나는 남들보다 더 잘할 수 있어. 학교에서는 아무도 내 성적을 따라잡지 못해.'

메리는 자신의 신념을 무너뜨릴 수 없었습니다. 그는 남들보다 좋은 성적을 얻기 위해 머리를 싸매고 공부했습니다. 그리하여 고등학교를 졸업할 때까지 학교에서 일등을 놓치지 않았습니다.

하지만 메리는 대학에 진학하지 못했습니다. 어머니 혼자 벌어 살림을 꾸려갔기에 학비를 마련할 수 없었던 것입니다. 게다가 그때는 가난한 학생이나 우수한 학생에게 학비 보조금으로 내주는 돈이 그리 넉넉하지도 않았습니다.

메리는 대학에 가지 않는 대신 일찍 결혼을 했습니다. 휴스턴에서 가수 활동을 하는 밴 로저스의 아내가 되어 벤, 메를린, 리처드 등 3남매를 낳았습니다.

그러나 결혼 생활은 행복하지 못했습니다. 남편은 가수 활동을 하느라 가정에 소홀했으며, 제2차 세계 대전이 일어나자 군인이 되어 메리의 곁을 떠났습니다.

메리는 혼자서 3남매를 돌보며 생계를 꾸려가야 했습니다. 그렇지만 아이들과 시간을 보내면서 할 수 있는 일은 쉽게 찾을 수 없었습니다.

그러던 어느 날, 메리의 집에 이다 블레이크라는 여자 판매 사원이 찾아왔습니다. 그는 집집마다 돌아다니며 어린이 책을 파는 사람이었습니다.

"어린이 철학 전집이에요. 어린이들에게 철학을 가르쳐 주는 좋은 책이죠."

블레이크는 책을 보여 주며 한참 책에 대해 설명했습니다.

메리는 책이 마음에 들었습니다. 하지만 돈이 없어 책을 살 수가 없었습니다. 메리의 어려운 형편을 전해 들은 블레이크는 메리에게 이런 제안을 했습니다.

"이 전집 10질을 팔아 주시면 1질을 수고비로 드릴게요."

"어머, 정말 그렇게 해 주실 거예요? 고마워요."

메리는 크게 기뻐하며 그 자리에서 친구들과 같은 교회에 다니는 사람들에게 전화를 했습니다. 그래서 다음 날까지 전집 10질을 모두 팔았습니다.

다시 찾아온 블레이크는 깜짝 놀랐습니다.

"벌써 10질을 다 팔았어요? 대단하네요. 저와 같이 일하지 않을래요?"

블레이크는 메리에게 책 1질을 내주고 함께 일하자고 권했습니다. 메리는 이때부터 책을 파는 일을 시작했는데, 아홉 달 동안 무려 2만5천 달러 어치의 책을 팔았습니다.

"아니, 어떻게 아홉 달 동안 그렇게 많은 책을 팔았죠?"

모두들 놀라워하며 이렇게 물으면 메리는 진지하게 대답했습니다.

"책을 보고 산 사람은 아무도 없어요. 책을 팔겠다는 제 열정에 모두들 책을 사게 되었죠."

그 후 메리는 본격적으로 판매 일에 나섰습니다. 그는 가정용품 판매 회사인 스탠리사에 들어갔습니다.

스탠리 회사에서는 일주일에 한 번씩 '판매 여왕'을 뽑아 상을 주었습니다. 머리에 왕관을 씌워 주고 악어 핸드백을 상품으로 주었습니다. 메리는 처음 시상식에 참석하고는 베베리지 사장에게 다가가서 말했습니다.

"두고 보십시오. 다음 주에는 제가 판매 여왕이 되겠습니다."

그러고는 어머니에게 늘 듣던 말을 떠올렸습니다.

'메리야, 너는 할 수 있어.'

메리는 도전 정신을 가지고 판매를 위해 밤낮없이 뛰었습니다. 그리하여 일주일 뒤에 드디어 판매 여왕에 뽑혔습니다.

메리는 판매에 남다른 능력이 있었습니다. 세 아이를 돌보며 생계를 꾸려가야 하는 그로서는 그나마 다행이었습니다.

한편 그 무렵 메리는 깊은 좌절을 느껴야 했습니다. 전쟁터에서 돌아온 남편이 헤어지자고 했기 때문입니다. 그러나 남편과 헤어진 메리는 세 아이를 키우며 꿋꿋하게 살아갔습니다.

메리는 몇 년 만에 스탠리 회사에서 판매 사원들을 관리하는 간부 사원이 되었습니다.

1959년에는 월드 기프트 회사로 옮겨 교육 담당 국장의 자리에까지 올랐습니다.

메리는 1960년에 사업가인 조지 헬렌 베크와 결혼했습니다.

1963년, 메리는 좌절을 겪었습니다. 출장에서 돌아와 보니 남자 부하 직원이 자신의 윗자리로 발령이 나 있었습니다. 임금도 자신보다 두 배나 많았습니다.

'나는 이제까지 25년 동안 판매 사원으로 몸 바쳐 일해 왔다. 하지만 이 바닥이 남성들이 지배하는 세계이기에 여자라는 이유로 이런 수모를 당해야 하는가.'

메리는 회사 생활에 회의를 느꼈습니다. 그래서 사표를 쓰고 회사에서 나와 버렸습니다.

'나는 이제까지 일과 가족만 알고 살아왔다. 날마다 아침에 일어나 희망 찬 하루를 맞이할 수 있었던 것은 오직 일이 있었기 때문이지.'

그러나 이제 할일이 없다고 생각하니 자신이 유령처럼 여겨졌습니다.

우울한 나날을 보내던 메리는 어느 날 이런 생각을 하기에 이르렀습니다.

'나는 25년 동안 판매 사원으로서 숱한 경험을 해 왔다. 그 경험을 책으로 쓴다면 같은 길을 걸어가는 여성들에게 많은 도움이 될 것이다.'

메리는 책을 쓰기 시작했습니다. 자신의 경험을 바탕으로 그동안 보고 배운 것을 정리하면서, 자신이 바라는 회사의 모습을 떠올렸습니다. 그리고 그 회사를 '꿈의 회사'라고 이름 붙여 보았습니다.

'여성들이 차별 대우를 받지 않고 자신의 능력을 마음껏 발휘하는 회사가 있다면 얼마나 좋을까? 그런 회사가 있다면 나라도 거기에서 일할 거야.'

메리는 생각을 거듭하다가 자신이 그 '꿈의 회사'를 세우기로 마음먹었습니다.

'꿈의 회사는 여성 판매 사원들이 물건을 파는 회사다. 어떤 물건을 파는 것이 좋을까?'

메리는 궁리 끝에 화장품을 만들어 팔기로 했습니다.

1950년대 초, 메리는 스탠리 회사의 상품 설명회에 나간 적이 있었습니다. 그 자리에는 10대부터 70대까지의 여성이 참석했는데 모두들 피부가 좋았습니다. 알고 보니 상품 설명회를 연 여자가 만든 화장품을 발랐기 때문입니다.

"저의 아버지는 칼로 가죽을 부드럽게 다루는 일을 하세요. 아버지 손이 무척 부드러우신데, 일할 때 쓰는 약품 때문이었어요. 그래서 그 약품을 가지고 크림을 만들어 얼굴에 발랐더니 피부가 부드러워지더라고요."

메리는 그때부터 그 여자가 만든 화장품을 쓰기 시작했습니다. 그랬더니 피부가 금세 좋아졌으며, 가족과 친구들에게도 권해 모두들 효과를 보았습니다.

메리는 이 화장품을 만들어 팔기로 하고, 그 여자에게서 화장품 만드는 방법을 사들였습니다. 그러고는 1963년 9월 13일 메리 케이 화장품 회사를 차렸습니다. 자본금 5천 달러에 아홉 명의 판매 사원으로 조그마한 가게를 연 것입니다.

가게를 열기 한 달 전에는 남편이 심장마비로 세상을 떠나는 슬픔을 겪기도 했습니다. 그렇지만 메리는 그 슬픔을 딛고 일어나 열심히 사업을 했습니다. 하루에 18시간을 일하며 회사 일에 매달렸습니다.

메리의 노력은 결실을 보기 시작했습니다. 첫해에 19만 8천 달러의 매출을 올리더니, 이듬해에는 80만 달러로 껑충 뛰어올랐습니다. 1964년 9월 13일에는 댈러스 마제스티 브라이브 가 1220번지에 공장을 세웠으며, 1972년에는 1,800만 달러 매출에 종업원 수천 명을 거느린 화장품 회사로 발전했습니다. 그리고 1991년에는 22만 명의 판매 사원이 4억 8,700만 달러의 매출을 올렸습니다.

메리 케이 화장품 회사(메리 케이 코스메틱)는 세계 각국에 1백만 명의 판매 사원을 거느린 세계적인 기업이 되었으며, '미국인이 가장 일하고 싶은 미국 100대 기업', '포춘 500대 기업', '여성이 가장 좋아하는 10대 기업' 등으로 여러 번 선정되었습니다.

1999년 케이블 TV 네트워크, 라이프타임은 여성 사업가 가운

데 메리 케이 애시를 20세기 가장 뛰어난 여성 사업가로 뽑기도 했습니다.

메리 케이 애시는 처음 회사를 차렸을 때 첫해 매출 목표가 얼마냐는 질문을 받았습니다. 그때 그는 이렇게 대답했습니다.

"내 목표는 단 하나입니다. 모든 여성들이 자신의 일을 훌륭하게 해내고 자신의 꿈을 이루어 나가도록 많은 기회를 주는 것입니다."

메리 케이 애시는 모든 여성들에게 자신의 가능성을 마음껏 펼칠 수 있는 회사를 만든 최초의 여성 사업가였습니다.

1981년 출간된 그의 자서전은 200만 부 이상 팔렸으며 많은 여성들에게 꿈과 희망을 주었습니다.

메리 케이 애시는 자신에게 소중한 존재는 첫째는 하느님, 둘째는 가족, 셋째는 일이라고 했습니다. 그가 자신이 평생 섬겼던 하느님에게 돌아간 것은 2001년 11월 22일이었습니다.

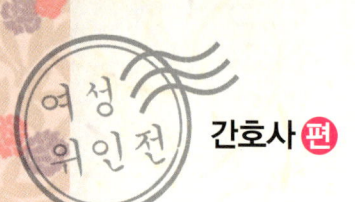

간호사 편

백의의 천사

나이팅게일

1820~1910, 영국의 부유한 가정에서 자랐으며, 어려서부터 병자들을 돌보는 일에 보람과 기쁨을 느꼈다. 1851년 간호사가 되려고 독일의 간호사 교육 기관인 카이저스베르트 학원에서 간호법을 배우고, 1853년 런던에 있는 병원의 간호원장이 되었다. 1854년 크림 전쟁이 일어나자 간호사들을 이끌고 전쟁터로 가서 야전 병원장이 되어, 부상당한 병사들을 헌신적으로 돌보아 '백의의 천사', '크림의 천사'라는 칭찬을 들었다. 전쟁이 끝난 뒤에는 런던의 성 토마스 병원 안에 간호학교를 세우고 간호사들을 양성했다. 저서로 〈병원에 관한 노트〉, 〈간호 노트〉 등이 있다.

윌리엄 에드워드 나이팅게일은 영국에서 가장 추운 곳으로 알려진 리홀 지방의 부자였습니다. 부모님에게 물려받은 땅이 많아 대지주로 불리고 있었습니다.
　윌리엄은 케임브리지 대학을 나와 소꿉 친구였던 국회의원의 딸인 프란시스 스미스와 결혼했습니다.
　윌리엄은 여행을 몹시 좋아하는 사람이었습니다. 그래서 신혼여행을 떠나 무려 3년 동안 유럽 곳곳을 돌아다녔습니다.
　당시는 나폴레옹 전쟁이 끝난 뒤라서 유럽에는 여행 붐이 일고 있었습니다. 전쟁으로 인해 오랫동안 여행의 자유를 빼앗긴 사람들이 다투어 유럽 일주 여행에 나선 것입니다.
　그때는 탈것이 마차뿐이었습니다. 따라서 여러 나라를 여행하려면 몇 년씩 걸리는 것이 보통이었습니다.
　1818년 결혼식을 올렸던 윌리엄 부부는 이탈리아 여행 중에 두 딸을 낳았습니다. 1819년 이탈리아의 아름다운 도시인 나폴리에 왔을 때 첫 딸을 낳았습니다. 두 사람은 나폴리의 옛이름을 따서 아이의 이름을 '파세노프'라고 지었습니다. 그리고 1820년에는 이탈리아의 플로렌스(지금의 피렌체)에서 둘째 딸을 낳았는데, 역시 이 도시의 이름을 따서 아이의 이름을 '플로렌스'라고 지었습니다. 플로렌스는 '꽃의 도시'를 뜻합니다. 마침 아이가 태어난 5월에는 도시의 이름에 걸맞게 어여쁜 장미가 한창 피어나고 있었습니다.

윌리엄 부부는 1821년에야 유럽 여행을 마치고 영국으로 돌아왔습니다. 그들은 리홀에서 가까운 리하스트 지방에 웅장한 저택을 짓고 남부럽지 않게 살았습니다.

리하스트는 리홀과 더불어 겨울에는 무척 추운 곳이었습니다. 윌리엄은 겨울에 대비해 햄프셔 주에 있는 엔브리파크에 집 한 채를 더 장만했습니다. 그래서 날이 서늘해지자 식구들을 데리고 엔브리파크로 가서 겨울을 났습니다.

파세노프, 플로렌스 자매는 부모님의 사랑을 받으며 아름답게 자라났습니다.

동생 플로렌스는 혼자서 인형놀이를 하거나 어른들의 일을 돕는 것을 좋아했습니다. 파티를 열어 여러 사람들과 어울리며 노는 것을 좋아하는 언니 파세노프와는 딴판이었습니다. 플로렌스는 인형놀이도 아주 특별하게 했습니다. 인형의 몸에 붕대를 감아 주고 침대에 눕혀 정성껏 간호해 주는 것이었습니다.

"어쩌다 팔을 다쳤니? 아파도 조금만 참아라. 금방 나을 거야."

플로렌스는 진짜 환자를 대하듯 인형을 극진히 돌보았습니다.

플로렌스는 인형뿐 아니라 살아 있는 동물들도 좋아했습니다. 그래서 자주 먹이를 들고 숲으로 갔습니다. 그러면 다람쥐들은 플로렌스의 얼굴을 알아보고 쪼르르 달려왔습니다.

"다람쥐들아, 안녕! 너희들, 밤 좋아하지? 많이 가져왔으니 배불리 먹어라."

플로렌스는 밝게 웃으며 다람쥐들에게 밤을 모두 나누어 주었습니다.

플로렌스의 집에도 동물들이 있었습니다. 개, 고양이, 염소, 말은 플로렌스의 좋은 친구들이었습니다.

그중에서도 플로렌스가 정성스레 돌보는 것은 페기라는 늙은 말이었습니다. 페기는 힘든 일을 할 수 없어 늘 마구간에 갇혀 있었습니다.

"아빠, 페기는 언제나 혼자 있네요. 제가 데리고 나가 같이 놀아 줄게요."

"그래라. 하지만 너무 늙어서 등에 올라타면 안 돼. 기운을 쓰지 못하니까."

"알았어요."

플로렌스는 아버지의 승낙을 받아 날마다 페기를 데리고 들판으로 나갔습니다. 그래서 맑은 공기를 마시며 함께 뛰어 놀았습니다.

플로렌스는 열 살이 되자 자주 목사님 댁을 찾아갔습니다. 목사님을 따라 교회에 못 나오는 환자들의 집을 방문하기 위해서였습니다.

"플로렌스, 어서 오너라. 그러잖아도 네가 오면 가려고 기다리고 있었다."

"목사님, 빨리 가요. 오늘도 에드워드 아저씨 집에 가죠?"

"그래."

플로렌스는 산길을 걸어 에드워드의 오두막으로 갔습니다. 에드워드는 플로렌스 아버지의 목장에서 일하고 있었는데, 나무를 하다가 다리를 다쳐 꼼짝 않고 집 안에 누워 있었습니다.

"아저씨, 저 왔어요. 다리는 어떠세요? 부기가 좀 빠졌나요?"

에드워드는 플로렌스를 반겼습니다.

"아가씨, 누추한 집에 또 오셨군요. 지난번에 찜질을 해 주셔서 많이 좋아졌어요."

목사님의 기도가 끝난 뒤, 플로렌스는 물을 펄펄 끓여 수건으

로 에드워드의 다리를 찜질해 주었습니다. 찜질이 끝나자 에드워드는 플로렌스가 고마워 눈물을 흘렸습니다.

"아가씨 같은 분이 세상에 또 있을까요? 지주님의 따님이 목장에서 허드렛일이나 하는 저를 돌봐 주시다니요."

"무슨 말씀을 그렇게 하세요? 저는 지주의 딸이 아니라 같은 교회 신자로서 문병을 왔을 뿐이에요. 몸조리나 잘 하세요."

플로렌스는 목사님과 에드워드의 오두막에서 나왔습니다. 그리고 천천히 산길을 내려갔습니다. 그런데 얼마쯤 걷자 어디선가 개가 끙끙대는 소리가 들려왔습니다.

플로렌스는 걸음을 멈추고 목사님을 돌아보았습니다.

"목사님도 들으셨죠? 개의 신음 소리 같은데요."

"그렇구나. 개가 어디 다쳤나?"

두 사람은 개의 신음 소리가 나는 쪽으로 달려갔습니다.

"목사님, 저 개는……?"

"갭이 아니냐! 양치기 일을 하는 스미저 할아버지의 개야."

목사님과 플로렌스는 바위 밑에 쓰러져 신음하는 개를 찾아냈습니다.

"다리를 다쳤나 봐요. 움직이지 못하는데요."

"돌에 맞은 것 같다. 스미저 할아버지 집에 데려나 줘야겠어."

목사님은 갭을 안고 스미저 할아버지 집으로 갔습니다.

스미저 할아버지는 마침 집에 있었습니다.

"갭을 어디서 찾으셨어요? 집을 나가 반나절이 지나도 들어오지 않아 걱정하고 있었는데……. 저런, 다리를 다쳤군요! 어떤 못된 놈이 갭에게 돌을 던졌나?"

스미저 할아버지는 갭의 다리를 살펴보고 안타깝게 부르짖었습니다.

목사님이 말했습니다.

"다행히 다리가 부러지진 않았어요. 더운 물로 찜질해 주면 괜찮아질 거예요."

플로렌스는 에드워드의 집에서처럼 물을 펄펄 끓여 수건으로 갭의 다리를 찜질해 주었습니다. 그러자 부어오른 자리가 조금 가라앉았습니다.

스미저 할아버지는 기쁜 표정으로 말했습니다.

"아가씨, 고맙습니다. 저희 집 개에게까지 마음을 써 주시다니……. 아가씨는 정말 천사 같은 분이에요."

마을 사람들은 모두 플로렌스를 칭찬했습니다. 부잣집 딸답지 않게 늘 친절하고, 환자가 있는 집을 찾아가 정성껏 돌봐 주었기 때문입니다.

플로렌스는 집에서 아버지로부터 교육을 받았습니다. 그리스어, 라틴어, 프랑스어, 독일어 등 어학을 비롯하여 역사, 철학, 수학 등을 배웠습니다. 그리고 음악과 미술은 가정 교사에게 배웠습니다.

플로렌스는 마음씨 곱고 생각이 깊은 소녀로 자라났습니다.

플로렌스는 아홉 살 때부터 일기를 써 왔는데, 열여덟 살이 되는 1837년 2월 7일에는 일기장에 이렇게 썼습니다.

나는 오늘 기도하는 중에 나를 부르는 소리를 들었다. 그것은 틀림없는 하느님의 목소리였다.

"플로렌스야, 너는 나를 위해 일하여라."

하느님은 내게 이렇게 명령하셨다. 따라서 나는 이제 하느님을 위해 일해야 한다.

플로렌스는 하느님의 목소리를 들었다고 하지만, 하느님을 위해 무슨 일을 해야 하는지는 알지 못했습니다. 그 일이 무엇인지 확실히 깨달은 것은 1844년 봄이었습니다.

'나는 어려서부터 병든 사람들을 돌보아 왔고, 이런 일을 할 때마다 크나큰 보람과 기쁨을 느꼈다. 그래, 병든 사람들을 간호하는 일이 하느님이 나에게 맡겨 주신 일이다.'

플로렌스는 병든 사람들을 사랑으로 보살피는 간호사가 되기로 마음을 정했습니다. 그래서 자신의 계획을 가족에게 털어놓았는데, 어머니는 크게 반대했습니다.

"너 지금 제정신이니? 간호사는 천한 사람들이나 하는 일이야. 신분이 낮은 여자들이 돈을 벌기 위해 하는 일이라고. 그런데 너처럼 집안 좋은 아이가 그런 일을 해서야 되겠니?"

플로렌스는 어머니의 반대를 무릅쓰고 간호사가 되기 위한 공부를 시작했습니다. 먼저 유럽의 여러 병원에 대해 연구했으며, 1851년에는 마침내 독일의 간호사 교육 기관인 카이저스베르트 학원에서 간호법을 배웠습니다.

그리하여 1853년, 플로렌스는 런던에 있는 병원의 간호원장으로 일하게 되었습니다.

부모님은 이제 더 이상 플로렌스가 하는 일을 막을 수가 없었습니다.

"네가 원하는 일이니 훌륭한 간호사가 되어라."

"어머니, 아버지, 감사합니다."

플로렌스는 부모님의 허락을 얻게 된 것이 무척 기뻤습니다.

1854년 3월, 크림 전쟁이 일어났습니다. 러시아와 터키의 싸움으로 시작된 전쟁은, 러시아의 세력을 막으려고 영국과 프랑스가 터키 편이 되어 러시아에 대립하면서 더욱 커졌습니다.

그해 9월, 영국과 프랑스 연합군은 크림 반도를 공격해 러시아 군과 맞서 싸웠습니다. 이 전투에서는 죽은 사람과 부상당한 사람이 어마어마하게 많았습니다. 그렇지만 영국군에는 부상당한 사람들을 치료할 시설이 전혀 없었습니다.

플로렌스 나이팅게일은 이런 소식을 듣고, 간호사들을 이끌고 전쟁터로 향했습니다.

야전 병원에 도착한 나이팅게일은 놀라지 않을 수 없었습니다. 병원은 쓰러질 듯 서 있고, 썩는 냄새가 코를 찔렀습니다. 실내에는 쥐와 벼룩이 들끓었으며, 습기로 인해 벽에는 물이 줄줄 흘러내렸습니다. 병실은 차고 넘쳐, 부상당한 병사들은 복도에서 짚을 깔고 누워 있었습니다.

병원에는 침대도 없고 갈아입을 옷도 없고 먹을 것도 없었습니다. 오로지 부상으로 고통받는 병사들의 처절한 신음 소리뿐이었습니다.

그러나 나이팅게일은 이런 병원을 보고도 절망하지 않았습니다. 그녀에게는 영국에서 가져온 많은 돈이 있었습니다. 나이팅게일은 3만 파운드로 요리사를 고용하고 침대를 들여오고 모포와 옷을 샀습니다. 또한 병원을 수리하고 세탁실을 지었으며, 병원을 깨끗이 청소했습니다. 그러자 병원은 점차 제 모습을 갖추어 갔습니다.

나이팅게일은 부상당한 병사들을 정성껏 돌보았습니다. 밤 8시 이후에는 등불을 들고 병실 안에 있는 병사들을 일일이 찾아다녔습니다.

"어디가 아프세요?"

"수술을 받으셨군요? 곧 나을 테니 조금만 참으세요."

나이팅게일은 침대 사이를 다니며 병사들에게 따뜻한 위로이 말을 건넸습니다.

　병사들은 나이팅게일을 통해 용기를 얻고 희망을 가졌습니다. 그리하여 죽어 가던 많은 병사들이 목숨을 건질 수 있었습니다.

　전쟁이 끝난 뒤, 나이팅게일은 런던의 성 토마스 병원 안에 간호 학교를 세웠습니다. 그래서 훌륭한 간호사들을 많이 길러냈습니다.

　나이팅게일은 91세까지 살면서 병원을 개혁하고, 간호사를 전문적인 직업으로 만드는 데 온 힘을 기울였습니다.

　국제 적십자사에서는 '나이팅게일 상'을 제정하여, 해마다 우수한 간호사를 뽑아 시상하고 있습니다.

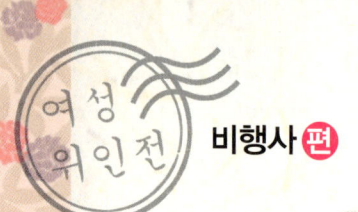

여성 최초로 대서양 횡단 비행에 성공한 비행사
아멜리아 에어하트

1897~1937, 미국 캔자스 주에서 태어나, 컬럼비아 대학 의학부에서 공부했다. 비행사의 꿈을 이루기 위해 비행 학교에 들어가 1921년 단독 비행에 성공했다. 그리고 1928년 남자 비행사 두 명과 대서양 횡단 비행에 도전, 여성으로서는 최초로 성공하여 명성을 얻었다. 4년 뒤 대서양 횡단 단독 비행을 추진하여 성공을 거두었으며, 계속해서 하와이에서 캘리포니아까지 태평양 횡단 단독 비행에도 성공했다. 1937년 세계 일주 비행에 나섰다가 태평양 상공에서 실종되었다.

"그 아이들 보았어? 이번에 새로 오신 역장님의 따님들 말이야."

"아, 아멜리아와 뮤리엘 자매? 봤지. 여자아이들이 여간 개구쟁이가 아니야. 치마는 입지 않고 헐렁한 반바지나 입고 다니며 남자아이들과 축구를 하던걸."

"축구뿐만이 아니야. 농구, 테니스, 수영…… 못 하는 운동이 없어. 남자아이들도 그 아이들 앞에서는 꼼짝 못하던데."

"별난 취미도 갖고 있어. 잠자리, 나비, 메뚜기, 개구리알, 돌멩이, 꽃 등등 무엇이든 수집한다는 거야. 운동을 하지 않을 때는 산으로 들로 쏘다니느라 정신없이 바쁘대."

마을 사람 몇이 나무그늘에 앉아 이야기를 나누고 있었습니다. 이들의 입에 오르내리는 인물은 얼마 전에 이사 온 아멜리아, 뮤리엘 자매였습니다.

누가 보더라도 이들 자매는 씩씩하고 용감했습니다. 남자아이 열 명이 달려들어도 이들을 당할 수가 없었습니다.

특히 언니 아멜리아는 남자아이들을 누르고 골목대장을 도맡아 할 만큼 당차고 기가 셌습니다.

한번은 이런 일이 있었습니다.

아멜리아의 집에는 큰 개가 있었습니다. 개의 이름은 '제임스 페르시오스'였습니다.

하루는 아멜리아가 남자아이들과 어울려 놀 때 개가 따라왔습니다. 남자아이들은 우르르 개에게 달려들었습니다.

"와아, 무지무지 크다! 송아지보다 더 커."

"커 봤자지. 우리를 이길 수 있겠어?"

남자아이들은 번갈아 주먹으로 개를 때렸습니다. 얼마나 세게 때렸는지 개는 성이 나서 으르렁거렸습니다.

"어쭈, 요놈 봐라? 감히 우리한테 으르렁거리네. 그러면 우리가 겁을 집어먹을 줄 아니?"

남자아이들은 약이 올라 힘껏 개를 때렸습니다. 그러자 더욱 화가 난 개는 남자아이들에게 덤벼들었습니다.

"으악! 이놈이 문다! 달아나자!"

남자아이들은 기겁을 하여 달아나기 시작했습니다.

그런데 개는 그들을 뒤쫓지 않고 아멜리아에게 고개를 돌렸습니다. 평소에는 순한 개였지만, 잔뜩 성이 나자 주인을 몰라보고 으르렁거렸습니다.

이때 달아나던 아이들이 걸음을 멈추고 아멜리아에게 소리쳤습니다.

"너희 개가 미쳤나 봐! 너도 도망쳐!"

그러나 아멜리아는 남자아이들의 말을 듣지 않고 그 자리에 그대로 서 있었습니다. 도망가는 대신 눈을 부릅뜨고 개에게 명령했습니다.

"제임스 페르시오스! 엎드려!"

아멜리아의 목소리는 그리 크지 않았습니다. 하지만 그 목소리에는 위엄이 깃들어 있었습니다.

기세등등하던 개는 갑자기 꼬리를 내렸습니다. 주인의 위엄에 눌려 땅바닥에 엎드리는 것이었습니다.

아멜리아는 어린 나이에도 이처럼 용감하고 대범했습니다.

한번은 또 이런 일이 있었습니다.

아멜리아는 겨울에는 썰매를 타고 놀았습니다. 아멜리아가 즐겨 타는 썰매는 롤러스케이트의 바퀴를 단 나무 썰매였습니다.

언덕 위에서 아래까지 썰매에 몸을 실은 채 미끄러져 내려가면, 그렇게 신나고 재미있을 수가 없었습니다.

어느 날, 썰매를 타고 놀다 보니 어느 새 날이 저물어 버렸습니다. 언덕에는 어둠이 밀려와 있었습니다.

'마지막으로 한번만 더 타고 집에 가자. 전속력으로 달려 내려가는 거야.'

아멜리아는 언덕 꼭대기에서 썰매를 타고 아래로 미끄러져 내려가기 시작했습니다.

그때 아래쪽에서 마차 한 대가 나타났습니다. 넝마장수 할아버지의 마차였습니다. 그 마차는 언덕길을 가로질러 건너가고 있었습니다. 썰매를 멈추지 않으면 할아버지의 마차와 부딪칠 수밖에 없었습니다. 그러나 아멜리아는 썰매를 멈출 수가 없었습니다.

더욱이 그 할아버지는 귀가 멀었습니다. 아멜리아가 아무리 고함을 질러도 듣지 못한다는 것을 아멜리아는 잘 알고 있었습니다.

아멜리아는 그처럼 위험하고 긴박한 상황에서도 냉정함을 잃지 않았습니다. 침착하게 썰매 위에 엎드리더니 썰매를 잘 조종하여 할아버지가 모는 말의 앞다리와 뒷다리 사이에 있는 공간을 무사히 빠져 나갔습니다. 그리하여 위험한 순간을 넘길 수 있었습니다.

아멜리아 에어하트는 1897년 7월 24일, 미국 캔자스 주의 애치슨에서 태어났습니다. 아버지 에드윈 에어하트와 어머니 에이미 에어하트의 두 딸 가운데 큰딸이었습니다.

아버지는 록크 아일랜드 철도 회사의 변호사이자 역장이었습니다. 그러다 보니 아멜리아의 가족은 아버지의 근무지를 따라 몇 달에 한 번은 이사를 다녔습니다. 그리고 아멜리아와 뮤리엘도 자주 전학을 다녔습니다.

하루는 아버지가 어머니에게 말했습니다.

"아멜리아와 뮤리엘은 아무래도 할아버지 할머니 댁에 보내야겠소. 우리와 같이 사는 건 좋지만, 자주 전학을 다녀야 하니 아이들도 몹시 불편할 거요."

"그건 그래요. 친구를 사귈 만하면 또 전학을 가야 하니 무척 속상해하더라고요."

아멜리아의 할아버지와 할머니는 캔자스 주의 애치슨에서 살고 있었습니다. 아멜리아는 동생과 함께 애치슨의 할아버지 할머니 댁에 가서 학교를 다녔습니다.

1916년 아멜리아는 시카고의 하이드 파크 고등학교를 졸업하고, 필라델피아 가까이 있는 오곤츠 대학에 들어갔습니다. 이 대학은 2년제 여자 대학이었습니다.

아멜리아는 대학에서 공부하며 문득 이런 생각을 했습니다.

'남성들만 할 수 있다는 분야에 용감하게 뛰어들어, 남성들 못지않게 성공한 여성들이 있을 거야. 이들에 대한 신문 기사를 모아 보자.'

아멜리아는 묵은 신문들을 뒤적거렸습니다. 그렇게 해서 알아낸 여성이 오클라호마 주의 여성 은행장 애버너시, 사우스다코다 주의 산불 감시원 폴 번드 등이었습니다. 아멜리아는 이들에 대한 신문 기사를 오려 노트에 붙였습니다.

'나도 이들처럼 여성을 금하는 분야에 뛰어들어 반드시 성공할 거야. 어떤 분야가 좋을지는 천천히 찾아보자.'

아멜리아는 노트를 들여다보며 입술을 깨물었습니다.
아멜리아의 여동생 뮤리엘은 캐나다의 토론토에서 공부하고 있었습니다. 이듬해 12월 크리스마스 휴가 때, 아멜리아는 동생을 만나러 갔습니다.
거리에는 수많은 부상병들이 있었습니다. 아멜리아는 거리를 지나다가 맞은편에서 걸어오는 네 사람의 부상병을 보았습니다. 이들은 다리가 하나씩밖에 없었습니다. 그래서 서로를 의지하며 힘겹게 걸어오고 있었습니다.
'전쟁이 정말 무섭고 끔찍하구나. 저렇게 고통 받는 사람이 많은데도, 나는 아무것도 모르고 편안하게 살아왔어.'
그때는 제1차 세계 대전 중이어서 많은 젊은이들이 전쟁에서 죽거나 다쳤습니다. 병원에는 제대로 치료를 받지 못하고 죽어가는 부상병들이 한둘이 아니었습니다.

아멜리아는 어머니에게 편지를 보내, 당분간 병원에서 부상병들을 돌보겠다고 했습니다. 그러고는 대학으로 돌아가지 않고 토론토의 스파디나 육군 병원에서 간호 보조원으로 일했습니다.

어느 날, 병원 근무를 마쳤을 때 병원에서 사귄 한 친구가 말했습니다.

"아멜리아, 우리 병원에서 멀지 않은 곳에 비행장이 있어. 같이 비행장에 놀러가지 않을래?"

"좋아."

아멜리아는 친구와 병원 문을 나서 비행장으로 갔습니다.

비행장은 어마어마하게 넓었습니다. 마당에는 많은 비행기들이 있고, 그 밖에 다른 비행기들이 쉴 새 없이 날아오르고 착륙하고 있었습니다.

두 사람은 활주로 쪽으로 걸어갔습니다. 그런데 마침 비행을 마치고 비행장 쪽으로 오던 비행사가 두 사람을 발견했습니다.

'이쁘게 생긴 아가씨들이네. 심심한데 장난이나 칠까?'

비행사는 두 사람을 향해 비행기를 몰고 급히 내려갔습니다. 그러자 친구는 까무러칠 듯이 놀랐습니다.

"크악! 엄마야!"

친구는 비행기가 덮치는 줄 알고 얼른 몸을 피했습니다.

하지만 아멜리아는 가만히 있었습니다. 두렵기는 했지만 말할 수 없는 기쁨과 전율을 느꼈기 때문입니다.

아멜리아는 훗날 이때 겪은 일을 이렇게 썼습니다.

> 비행기가 나를 향해 내려오는 순간, 나는 이런 생각을 했다.
> '비행기가 고장 났구나. 아니면 비행사가 비행기를 잘못 몰든가……'
> 하지만 그 순간에 나는 몸을 피하지 않았다. 피해야 한다고 생각하면서도 몸이 움직이지 않았다. 내 온몸으로 말할 수 없는 기쁨과 전율이 밀려왔기 때문이다.
> 나는 얼핏 빨간 비행기가 내게 하는 말을 들은 것 같다.
> 무슨 말이었는지 생각나지는 않지만…….
> 나는 급히 내려오던 비행기가 위로 솟아올랐을 때, 비행기를 쳐다보며 결심했다.
> '나는 반드시 저 비행기를 타고 말 거야.'

아멜리아는 얼마 뒤에 병원을 그만두고 미국으로 돌아왔습니다. 축농증에 걸린데다가, 이제 그만 돌아오라는 어머니의 성화가 있었기 때문입니다.

아멜리아는 병원 일을 하고 나서 의사가 되겠다는 결심을 했습니다. 그래서 1919년 컬럼비아 대학 의학부에 들어갔습니다.

하지만 의학을 공부해 보니 자기 적성에 맞지 않았습니다. 아멜리아는 이듬해에 결국 대학을 그만두고 부모님이 살고 있는 로스앤젤레스로 갔습니다.

로스앤젤레스의 집 근처에는 비행장이 있었습니다. 하늘을 날아다니는 비행기를 볼 때마다 가슴이 뛰었습니다.

'나도 비행기를 꼭 타고 싶어.'

로스앤젤레스 교외에서는 주말마다 에어쇼가 열렸습니다. 비행사들이 사람들을 모아 놓고 곡예 비행을 하는 것입니다.

어느 날, 아멜리아는 아버지를 따라 에어쇼를 구경하러 가서는 완전히 넋을 잃었습니다.

'날개를 좌우로 흔들며 날고, 갑자기 땅을 향해 급히 내려오고, 하늘로 솟구치고……. 비행기를 가지고도 온갖 묘기를 부릴 수 있구나. 아아, 나는 반드시 비행기를 타고야 말겠어.'

아멜리아는 곧 그 꿈을 이루었습니다. 비행장에서 프랭크 호크스라는 비행사를 만났는데, 그가 자기 비행기에 아멜리아를 태워 준 것입니다.

비행기를 탄 아멜리아는 가슴이 벅찼습니다. 숨이 멎을 만큼 기쁘고 짜릿했습니다.

'나는 꼭 비행사가 될 거야. 나 혼자서 하늘을 날아다니겠어.'

아멜리아는 비행기가 8~900미터 상공을 날 때 이렇게 다짐했습니다.

비행사가 되려면 비행 학교에 들어가 비행 기술을 배워야 합니다. 하지만 비행 기술을 배우는 데는 많은 돈이 들었습니다. 무려 1천 달러 이상의 돈이 필요했습니다.

'내 힘으로 돈을 벌어 비행사 교육을 받겠어.'

아멜리아는 그 뒤부터 닥치는 대로 일했습니다. 그래서 돈을 모아 비행 학교에 들어갔습니다.

아멜리아의 담당 교관은 여성 비행사인 네타 스눅이었습니다. 네타 스눅은 기초 비행부터 곡예 비행까지 모든 비행 기술을 자세히 가르쳐 주었습니다. 그리하여 1922년 10월, 아멜리아는 단독 비행에 성공할 수 있었습니다.

"아멜리아, 축하해. 혼자서 비행을 할 수 있게 되어 기쁘지?"

"예, 교관님. 교관님이 잘 가르쳐 주신 덕분이에요."

아멜리아는 혼자서 하늘을 날았다는 것이 꿈만 같았습니다. 1923년 5월 15일에는 국제 항공 연맹으로부터 비행사 면허를 땄습니다. 그리고 자신이 알뜰살뜰 모은 돈과 가족이 보태 준 돈으로 비행기 한 대를 샀습니다. 중고 비행기였지만 자기 비행기가 생겨 날아갈 듯 기뻤습니다.

"네 이름은 '키너 카나리'다. 알겠니?"

아멜리아는 비행기를 어루만지며 부드럽게 말했습니다.

꿈에 그리던 비행사가 되고 비행기도 얻었지만 날마다 비행을 할 수는 없었습니다. 살아가려면 일자리를 얻어 일해야 했기 때문입니다. 아멜리아는 주중에는 미국으로 이민 온 외국인들에게 영어를 가르치고, 주말에만 비행기를 몰았습니다.

그러던 어느 날이었습니다. 아멜리아에게 연락이 왔습니다.

"아멜리아 에어하트 씨, 비행기를 타고 대서양을 건너지 않으시겠습니까?"

아멜리아는 처음에 누가 장난 전화를 한 줄로 알았습니다. 하지만 알고 보니 그게 아니었습니다.

미국에서 태어난 영국의 에이미 게스트 부인은 미국과 영국의 우호와 친선을 위한 비행을 계획했습니다. 남자 비행사 두 명과 여자 비행사 한 명에게 자신의 비행기를 주어 대서양 횡단 비행을 맡긴다는 것입니다.

아멜리아는 대서양 횡단 비행에 나설 여자 비행사로 뽑혔습니다. 그러나 직접 비행기를 조종하지 않고 항해 일지를 쓰는 승무원 역할이었습니다.

1928년 6월 17일, 세 사람을 태운 비행기 '우정호'는 뉴펀들랜드 트레퍼시 비행장을 출발했습니다. 그리고 20시간 40분 만에 웨일스의 버리 항에 도착했습니다. 대서양 횡단 비행에 성공한 것입니다.

버리 항에 대기해 있던 기자들이 아멜리아에게 몰려왔습니다.

"축하합니다. 여성으로서는 최초로 대서양 횡단 비행에 성공하셨는데요, 소감을 말씀해 주시지요."

아멜리아가 웃으며 말했습니다.

"저는 비행기 안이 비좁아 연료 탱크 옆에 쪼그리고 있었어요. 창고에 있는 감자 자루처럼요."

아멜리아는 이 비행으로 아주 유명해졌지만 속으로는 불만스러웠습니다.

'남들은 내가 여성 최초로 대서양 횡단 비행에 성공했다고 하지만, 나는 그것을 인정할 수 없어. 내가 직접 비행기를 조종한 게 아니니까.'

아멜리아는 그 뒤 대서양 횡단 단독 비행을 추진했습니다. 그리하여 1932년 5월 21일, 미국의 뉴펀들랜드 하버그레이스 비행장을 떠난 지 15시간 18분 만에 대서양을 건너 영국 아일랜드의 론돈데리 근처에 착륙했습니다.

이로써 아멜리아는 비행기를 몰고 대서양을 혼자서 건넌 최초의 여성이 되었습니다.

그 일로 그녀는 유명강사가 되었고, 후버 대통령과 미국 의회로부터 대단한 칭송을 받게 되었습니다. 이후에도 아멜리아는 계속해서 새로운 기록을 세웠습니다. 1935년 세계 최초로 하와이에서 캘리포니아까지 태평양 횡단 단독 비행에 성공한 것입니다.

아멜리아는 여기에 만족하지 않고 2년 뒤에는 세계일주 비행에 나섰습니다.

미국 플로리다주의 마이애미 비행장을 출발하여 남아메리카, 대서양, 아프리카, 인도, 동남아시아, 오스트레일리아, 뉴기니, 태평양, 하와이를 거쳐 미국으로 돌아오는 여정이었습니다.

1937년 6월 1일, 아멜리아 에어하트는 항법사(비행기에 탑승하여 위치와 비행기가 나아가는 길을 측정하고 항공상의 자료를 산출하는 사람) 프레드 누넌과 함께 록히드 '일렉트라 호'를 타고 세계 일주 비행을 떠났습니다.

　일렉트라 호의 비행은 순조로웠습니다. 플로리다 주 마이애미를 출발한 후 전 세계를 거의 통과하여 7월 2일에는 마침내 뉴기니를 떠나 태평양을 건너게 되었습니다.

　그런데 하와이 진주만을 떠난 아멜리아의 비행기는 태평양 한가운데에서 갑자기 사라져 버렸습니다. 어디로 갔는지 흔적조차 찾을 수 없었습니다. 몇 달 동안 수색 작업을 벌였지만 비행기의 잔해는 발견하지 못했습니다.

　그러자 이 의문의 실종에 대해 여러 가지 추측과 소문이 돌았습니다.

　"연료가 떨어져 비행기가 추락한 거야. 바다 속에 그 잔해가 남아 있을걸."

　"아니야, 아멜리아는 미국 정보국의 밀명을 받고 첩보 활동을 하다가 일본 사람들에게 붙잡혀 사형을 당했을 거야."

　"비행기는 추락하지 않았어. 아멜리아는 어딘가에서 숨어 살고 있을걸."

　실종 사건이 일어난 지 오랜 세월이 흘렀지만, 아직까지 밝혀

진 것은 아무것도 없습니다.
 1939년 1월 5일, 미국 법원에서는 아멜리아의 죽음을 정식으로 발표했습니다. 그리고 그 해에 하우랜드 섬에는 아멜리아 기념 등대와 추모비가 세워졌습니다.
 아멜리아 에어하트는 하늘에 도전한 빛나는 영웅으로 세계 사람들의 가슴속에 지금도 살아 있습니다.

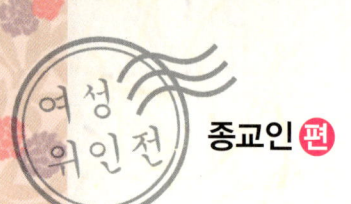

종교인 편

가난하고 병든 사람들의 어머니

마더 테레사

1910~1997, 마케도니아의 천주교 집안에서 태어나, 1928년 아일랜드의 로레토 수녀회에 들어가 인도로 건너갔다. 1931년 수녀가 되어 캘커타 교외에 있는 성 마리아 학교에서 교사로 근무했다. 1946년 하느님의 계시를 받고 캘커타의 빈민가로 들어가 빈민들을 위해 일하기 시작했다. 1948년 '사랑의 선교회'를 창설하여 고아, 맹인, 노인, 문둥병자, 장애인, 죽어가는 사람들을 위해 일하며 그들을 위한 진료소, 숙소, 학교 등을 세웠다. 1979년 노벨 평화상을 받았으며, 1997년 하늘나라로 돌아갔다.

점심 무렵이었습니다. 혼자 집을 보고 있던 아그네스는 대문 밖에서 자기를 부르는 소리를 들었습니다.
　"아그네스, 아그네스!"
　아그네스는 벌떡 몸을 일으켰습니다.
　'엄마가 돌아오셨구나!'
　아그네스는 얼른 집 밖으로 나가 대문을 열어 주었습니다.
　그런데 어머니는 혼자가 아니었습니다. 낯선 사람을 셋이나 집으로 데려왔습니다. 모두들 허름한 옷을 입고 있고, 아주 꾀죄죄한 모습이었습니다.
　"안으로 들어오세요."
　어머니는 상냥한 목소리로 사람들을 집 안으로 안내했습니다. 그리고 그들을 식탁 앞에 앉혔습니다. 어머니는 그 사람들에게 점심상을 차려 주었습니다.

"차린 것은 별로 없지만 많이 드세요."
"고맙습니다."

사람들은 인사를 하자마자 허겁지겁 음식을 먹기 시작했습니다. 마파람에 게 눈 감추듯 음식을 순식간에 먹어 치웠습니다.

그들이 식사를 끝내고 나가자 아그네스가 어머니에게 물었습니다.

"엄마, 방금 나간 사람들, 누구예요?"
"우리 집안 사람이란다. 아주 가까운 친척이지."

아그네스는 어머니의 대답을 듣고 고개를 갸우뚱했습니다.

'이상하네. 내가 아는 친척 중에 저렇게 꾀죄죄한 사람들이 없는데. 그리고 모두 처음 보는 얼굴들이야.'

나중에야 아그네스는 그 사람들이 누구인지 확실히 알게 되었습니다. 그들은 모두 아그네스네 집안 사람이 아니고, 거리에 버려진 가난하고 병든 사람들이었던 것입니다.

아그네스의 어머니는 거리에서 불쌍한 사람들을 보면 그냥 지나치지 못하고 집으로 데려왔습니다. 그래서 배불리 먹이고 음식이나 옷을 한 보따리 싸서 보냈습니다.

아그네스는 이런 어머니를 볼 때마다 이렇게 다짐하곤 했습니다.

'어른이 되면 나도 엄마처럼 불쌍한 사람들을 돌보며 살아야

겠어.'

아그네스는 '살아 있는 성녀'로서 가난한 사람들을 위해 평생을 바친 마더 테레사 수녀의 어릴 적 이름입니다.

테레사 수녀는 1910년 8월 26일, 마케도니아의 수도 스코피예에서 태어났는데, 이튿날 세례를 받아 아그네스 곤자라는 이름을 얻었습니다. 아그네스는 기독교 초대 교회 당시 순교했던 처녀의 이름이고, 곤자는 알바니아 말로 꽃봉오리를 뜻합니다.

아그네스의 아버지 니콜라스 부아주와 어머니 드라나필 베르나이는 신앙심이 깊은 천주교 신자였습니다. 그래서 아그네스는 어려서부터 하느님과 가까이 지내는 믿음 좋은 아이로 자라날 수 있었습니다.

아그네스가 열 살 때 집안에 슬픈 일이 생겼습니다. 건축 일을 하던 아버지가 갑자기 세상을 떠난 것입니다.

아그네스에게는 언니 아가타와 오빠 라자르가 있었습니다. 따라서 어머니는 3남매를 먹여 살리기 위해 일을 해야 했습니다.

어머니는 옷감이나 수예품을 파는 가게를 차렸습니다. 열심히 장사를 하여 살림을 꾸려 나갔습니다.

아그네스는 학교에 다니며 신앙 생활을 충실히 했습니다. 아무리 바빠도 성당 미사에는 빠지지 않았으며 기도 생활도 게을리하지 않았습니다.

"하느님, 제가 하느님의 사랑을 실천하며 어려운 사람들을 도우면서 살게 해 주세요."

아그네스는 늘 이렇게 기도했습니다.

아그네스가 열여섯 살이 되었을 때였습니다. 성당에 새로운 신부님이 오셨습니다.

"여러분, 안녕하세요? 저는 장 브렌코비치 신부입니다. 여러 젊은이들과 함께 모임을 만들어 하느님의 사랑을 실천하고 싶습니다."

장 브렌코비치 신부는 젊은이들을 불러 모아 성모 신심회라는 모임을 만들었습니다. 그래서 젊은이들로 하여금 가난하고 몸이 불편한 이웃들을 찾아가 봉사 활동을 하게 했습니다.

아그네스는 이 모임에 들어가 열심히 활동을 했습니다.

그러던 어느 날, 아그네스는 장 브렌코비치 신부에게 인도에서 선교 활동을 하는 사람들에 대한 이야기를 듣게 되었습니다.

"예수회라는 선교 단체에서는 인도에 선교사를 보내고 있습니다. 지금 인도에는 굶어 죽는 사람들이 수없이 많습니다. 병든 사람들은 거리에 버려져 치료 한 번 받지 못한 채 죽어 가고 있습니다. 선교사들이 병원을 세워 이들을 치료하고 있지만, 병원이 부족해 많은 사람들이 치료를 받지 못하고 있습니다. 또한 어린이들은 학교가 없어 교육을 받지 못하고 있습니다. 글을 배우지 못해 제 이름도 쓸 줄을 모릅니다."
 아그네스는 인도 사람들의 처참한 생활을 전해 듣고 눈물을 흘렸습니다.

'인도 사람들이 그처럼 큰 고통을 겪고 있다니……. 그들이야말로 하느님의 사랑을 받아야 할 사람들이다. 나도 선교사가 되어 하느님의 사랑을 전할 수 있다면 얼마나 좋을까.'

아그네스는 이런 생각을 하고 하느님께 기도했습니다.

"하느님, 저는 하느님의 사랑을 전하며 이웃에게 봉사하면서 살고 싶습니다. 하느님이 허락하신다면 인도에 가겠습니다."

아그네스가 이렇게 기도한 지 3년이 되었을 때였습니다.

어느 날, 아그네스의 귀에 이런 소리가 들렸습니다.

"아그네스, 인도로 가라!"

아그네스는 깜짝 놀랐습니다.

'누구의 목소리지? 하느님의 부르심인가?'

아그네스는 곰곰이 생각해 보더니 장 브렌코비치 신부를 찾아갔습니다.

"신부님, 여쭈어 볼 것이 있습니다. 하느님의 부르심을 받았다는 것은 어떻게 알 수 있죠?"

장 브렌코비치 신부가 대답했습니다.

"하느님의 부르심을 받았다면 가슴이 터질 듯한 기쁨이 느껴진단다. 누구라도 알 수 있지."

"그게 정말이에요? 아, 그럼 저는 진짜 하느님의 부르심을 받은 것 같아요. 인도로 가라는 목소리를 듣고 처음에는 놀랐지만, 이 세상 무엇과도 바꿀 수 없는 기쁨을 느꼈어요. 아, 그러고 보니 그 목소리는 하느님의 목소리였어요."

아그네스는 이렇게 말하며 크게 기뻐했습니다.

로레토 수녀회에서는 인도에 수녀들을 선교사로 보내고 있었습니다.

아그네스는 로레토 수녀회에 들어가 수녀가 되어 인도로 떠나기로 마음먹었습니다.

아그네스의 집에는 오빠가 군대에 들어가 어머니와 언니, 이렇게 세 식구가 살고 있었습니다.

아그네스는 어머니와 언니에게 자신의 뜻을 밝혔습니다.

"저, 수녀가 되어 인도로 가겠어요."

그러자 언니는 눈물을 흘리며 말했습니다.

"네가 수녀가 되면 집을 떠나야 하는데, 더구나 머나먼 인도 땅으로 간다고 하니 나는 말리고 싶구나."

"언니, 나는 하느님의 부르심을 받아 수녀가 되어 인도로 가는 거야. 나는 하느님과 이웃을 섬기는 일에 평생을 바치고 싶어."

동생이 수녀가 되겠다는 것은 오빠에게도 충격적인 소식이었습니다. 중위로 임관하여 알바니아 왕을 모시고 있던 오빠는 아그네스에게 편지를 썼습니다.

    나는 너를 이해할 수 없구나. 아름다운 소녀인 네가 행복한 삶을 저버리고 머나먼 나라로 떠나려 하다니…….

아그네스는 곧 답장을 써서 보냈습니다.

    오빠는 지금 알바니아 왕을 모시고 있지요. 오빠는 백만 명을 다스리는 왕을 위해 일하지만, 나는 이 세상을 다스리는 왕을 위해 일하려는 거예요. 그래서 수녀가 되어 인도로 떠나려는 거지요.

  어머니는 아그네스를 말리지 않았습니다. 어머니는 아그네스에게 얘기를 듣자 조용히 방에 들어가 24시간 동안 혼자 기도를 드렸습니다. 그러고는 방에서 나와 말했습니다.
  "아그네스, 너의 손을 하느님의 손에 맡겨라. 그래서 항상 하느님과 함께 걸어가도록 해라."
  아그네스는 어머니의 말을 가슴 깊이 새겼습니다. 이 말은 그 뒤 아그네스가 수녀의 길을 가며 어려운 일을 당할 때마다 큰 힘이 되어 주었습니다.

아그네스가 로레토 수녀회에 들어가려고 고향을 떠난 것은 1928년 9월 26일이었습니다.

아그네스는 로레토 수녀회 본부가 있는 아일랜드로 갔습니다. 그래서 석 달 동안 아일랜드의 라스파먼 수도원에서 선교 훈련을 받으며 영어를 배웠습니다. 그리고 1928년 12월, 아일랜드 항구에서 인도행 배에 올랐습니다.

아그네스는 인도의 다르질링에 있는 수도원에서 수녀가 되기 위한 교육을 받았습니다.

수도원 일과는 정해져 있었습니다. 아그네스는 그곳에서 예비 수녀로서의 수련을 받으며 영어와 힌두어, 벵골어까지 배웠습니다. 인도에서 선교활동을 하는 데 꼭 필요했기 때문입니다.

아그네스에게 가장 즐거운 시간은 성 테레사 학교에서 가난한 아이들을 가르치는 시간이었습니다. 하루에 두 시간씩 아이들을 가르치는데, 그 순간이 그렇게 행복할 수가 없었습니다.

1931년 3월 24일, 아그네스는 드디어 수녀가 되었습니다. 로레토 수녀회의 수녀로서 청빈, 순결, 순종을 서약하는 첫 서원을 하고 테레사라는 이름을 얻었습니다. 그리고 6년 뒤인 1937년 5월 24일에는 수녀로 일생을 마치겠다는 종신 서원을 했습니다.

테레사 수녀는 수도원에서 '벵골리 테레사'라고 불리었습니다. 2년 동안 열심히 배워 벵골어를 유창하게 잘 했기 때문입니다.

테레사 수녀는 아이들을 가르치는 일이 기쁘고 즐거웠습니다. 그래서 수녀가 되자마자 캘커타 교외에 있는 성 마리아 학교의 선생님이 되었습니다.

테레사 수녀가 맡은 과목은 지리와 역사, 그리고 천주교 교리였습니다. 테레사 수녀는 이 학교에서 17년 동안 열심히 학생들을 가르쳤으며, 교사를 거쳐 교장이 되었습니다.

테레사 수녀는 수녀회에서 평화롭고 행복한 나날을 보내고 있었지만, 수녀회 담장 너머에서는 많은 인도 사람들이 지옥 같은 생활을 하고 있었습니다.

당시 인도는 영국의 식민지였습니다. 식민지 백성으로서 비참한 삶을 살던 인도 사람들은 1940년대에 들어서면서 더 큰 고통을 겪어야 했습니다. 1942, 1943년에는 인도에 엄청난 가뭄이 들었습니다. 굶어 죽는 사람만 해도 500만 명이 넘었습니다. 따라서 인도의 거리에 넘치는 것은 굶어 죽어 가는 사람들, 병에 걸려 버려진 사람들이었습니다.

테레사 수녀는 외출했다가 돌아오면 밤에 잠을 이룰 수가 없었습니다. 거리에 버려져 죽어가는 사람들의 모습이 머릿속을 떠나지 않아서였습니다. 그때마다 테레사 수녀는 밤새도록 기도를 드렸습니다.

"하느님, 저는 하느님과 이웃을 섬기는 일에 평생을 바치기 위해 이 땅에 왔습니다. 하지만 죽어 가는 불쌍한 이웃들을 위해 한 일이 아무것도 없습니다."

1945년 제2차 세계 대전이 끝나자 인도는 영국으로부터 해방되었습니다. 그렇지만 그들의 고통은 끝나지 않았습니다. 이번에는 종교 문제로 둘로 나뉘어 인도 사람끼리 총부리를 겨누어야 했던 것입니다. 이슬람 교도와 힌두 교도의 싸움으로 수많은 사람들이 죽어 갔습니다. 길거리와 시궁창에는 시체들이 나뒹굴었습니다. 테레사 수녀는 시체들을 볼 때마다 가슴이 터질 것만 같았습니다.

"하느님, 저는 죄인입니다. 저들과 고통을 나누지 못하고, 저들이 죽어 가도 눈 하나 끔쩍 하지 않았습니다. 하느님의 사랑을 받아야 할 사람들에게 그 사랑을 전하지 못했습니다."

테레사 수녀는 기도를 하면서 가슴을 치고 통곡했습니다.

1946년 9월 10일, 테레사 수녀는 달리는 기차 안에서 이런 소리를 들었습니다.

"테레사야, 일어나라! 가난한 사람들에게 가서 그들을 섬겨라! 그들을 섬기는 것이 곧 나를 섬기는 것이다."

그것은 틀림없는 하느님의 목소리였습니다. 테레사 수녀는 하느님의 명령을 따르기로 했습니다. 그래서 학교를 그만두고 로레토 수녀회를 떠나 캘커타의 가난한 마을로 들어갔습니다.

테레사 수녀는 전통적인 수녀복을 벗고 인도 사람들이 입는 사리(인도에서 주로 힌두 교도의 여성이 입는 옷. 허리를 두르고 머리를 덮거나 어깨 너머로 늘어뜨림)를 몸에 걸쳤습니다. 그리고는 집을 마련해 부모 없는 아이들을 돌보고 열심히 공부를 가르쳤습니다. 또한 병든 사람들을 보살펴 주고 굶주린 사람들에게는 양식을 나누어 주었습니다.

테레사 수녀의 헌신적인 활동은 세상에 널리 알려졌습니다.

이때 테레사 수녀를 돕겠다며 성 마리아 학교의 제자들과 수녀들이 찾아왔습니다. 테레사 수녀는 이들의 도움으로 어려운 사람들을 더 많이 돌볼 수 있었습니다. 그리하여 1948년에는 '사랑의 선교회'가 세워졌고, 1950년 교황 피우스 12세에게 정식 승인을 받았습니다.

테레사 수녀와 사랑의 선교회 수녀들은 맹인들, 노인들, 문둥병자들, 장애인들, 죽어 가는 사람들을 위해 많은 시설을 세웠습니다. 진료소와 숙소도 만들고 학교도 세웠습니다.

테레사 수녀가 죽어 가는 사람들을 위해 '니르말 흐리다이'라는 시설을 만들었을 때의 일입니다. 길거리에서 죽어 가는 사람들을

데려와 모아 놓으니 그 집이 너무 비좁았습니다. 그래서 테레사 수녀는 벵골 주의 보건 장관을 찾아가서 부탁했습니다.

"죽어 가는 사람들을 위해 큰 집을 마련해 주십시오. 남의 건물을 빌려 주셔도 좋습니다."

그리하여 보건 장관은 캘커타에 있는 힌두교 사원의 칼리 신전을 사용하도록 주선해 주었습니다.

칼리 신전은 힌두교의 여신인 칼리를 모신 신전인데 방이 꽤 넓었습니다. 그래서 죽어 가는 사람들을 많이 수용할 수 있었습니다.

그런데 문제가 생겼습니다. 사랑의 선교회에서 칼리 신전을 사용한다고 힌두교 신자들이 들고 일어난 것입니다.

"칼리 신전은 칼리 여신을 모신 신성한 곳이야. 한데 병자들을 끌어들여 신전을 더럽혀?"

"수녀들이 신전을 차지하고 있다는 것은 말도 안 돼. 그들을 당장 쫓아내자고!"

힌두교도들은 몽둥이를 들고 칼리 신전으로 몰려왔습니다.

하지만 그들은 테레사 수녀와 사랑의 선교회 수녀들을 신전 밖으로 내쫓을 수 없었습니다. 테레사 수녀는 온몸에 구더기가 들끓는 노인을 씻기고 있고, 다른 수녀들도 죽어 가는 사람들에게 밥을 먹이거나 피고름을 짜내고 있었던 것입니다.

힌두교도들은 이런 모습을 보고 저도 모르게 눈물을 흘렸습니다. 그리고 고개를 숙인 채 말없이 발길을 돌렸습니다.

테레사 수녀는 가난하고 병든 사람들을 돌보느라 하루 3시간밖에 자지 못했습니다. 바쁘게 일하다 보면 하루 21시간도 짧게 느껴졌습니다.

1979년 테레사 수녀는 노벨 평화상을 받았습니다. 그리고 1997년 9월 13일, 88세로 하느님의 부르심을 받았습니다.

테레사 수녀가 세운 사랑의 선교회는 오늘날 세계 곳곳에 500개가 넘는 센터를 세워, 4천여 명의 수녀들이 가난하고 병든 사람들을 위해 일하고 있습니다.

의상 디자이너 편

20세기 최고의 의상 디자이너

코코 샤넬

1883~1971, 프랑스의 소뮈르에서 가난한 행상인의 딸로 태어났다. 스무 살에 물랭에 있는 의상실에서 점원으로 일하다 1910년 파리의 캉봉 거리 21번지에 모자 가게를 열었다. 이후 의상실을 열어 30년 동안 패션업계의 일인자로 군림했다. 1920년대에는 '샤넬 향수'를 만들어 팔기 시작했다. 이 향수는 오늘날까지 세계 여성들에게 아낌없는 사랑을 받고 있다. 1939년 제2차 세계 대전이 일어나자 의상실 문을 닫았으며, 1953년 다시 패션 업계로 돌아와 죽을 때까지 활발한 활동을 했다.

1893년의 어느 날, 가브리엘 샤넬의 어머니 잔 드봘은 남편 알베르 샤넬이 보낸 편지를 받았습니다.

오랜만에 소식을 전하오. 나는 지금 브리브에서 친척의 도움으로 여관을 하고 있소. 같이 살 집도 마련했으니 아이들과 함께 이곳으로 오시오.

잔은 편지를 읽고 뛸 듯이 기뻐했습니다.
남편은 큰딸 쥘리아와 둘째딸 가브리엘을 비롯하여 그 밑으로 알퐁스, 앙투아네트, 뤼시앵 등 다섯 남매를 낳을 때까지도 집 안에 붙어 있지 않았습니다. 지방 도시를 떠돌며 행상을 한다는 핑계로 늘 집 밖에서 지냈습니다. 몇 달 동안 연락을 끊고 떠돌아다니다가 얼굴을 잊을 만하면 집에 나타나는 식이었습니다.

그렇다고 생활비를 꼬박꼬박 내놓는 것도 아니었습니다. 오히려 이런저런 구실을 붙여 돈을 뜯어가기 일쑤였습니다.

잔은 그동안 아이들을 키우며 생계를 꾸려가느라 큰 고생을 했습니다. 게다가 얼마 전에는 병까지 얻어 심한 천식을 앓고 있었습니다. 그런 중에 남편의 편지를 받았으니 잔은 구세주를 만난 기분이었습니다.

"얘들아, 기뻐해라. 아빠가 마련한 집에서 남부럽지 않게 살게 되었단다."

"그게 정말이에요? 그럼 우린 아빠와 같이 사는 건가요?"

"그럼. 아빠는 행상을 그만두고 여관 일을 하신단다."

잔은 아이들을 데리고 브리브로 갔습니다. 여관까지 찾아간 그는 남편이 거짓 편지를 보내 왔음을 알았습니다. 남편은 여관 주인이 되어 있기는커녕 숙박비가 밀려 여관에 붙잡혀 있었습니다. 게다가 갚아야 할 빚이 아주 많았습니다.

잔은 돈이 한 푼도 없었습니다. 그래서 남편의 빚을 갚기 위해 일을 해주기로 했습니다.

잔은 몸을 돌보지 않고 밤낮없이 일만 했습니다. 그러다가 건강이 나빠져 2년 뒤에 세상을 떠나고 말았습니다.

알베르 샤넬은 아내의 장례식에도 나타나지 않았습니다. 장사를 하느라 떠돌아다녀 연락받을 길이 없었기 때문입니다.

장례를 마친 며칠 뒤에야 나타난 알베르는 아이들을 모아 놓고 말했습니다.

"너희들도 알다시피 아빠는 행상을 하기 때문에 너희들을 돌볼 수 없단다. 아빠가 자리를 잡기 전까지는 각자 떨어져 살아야 해."

아버지는 알퐁스와 뤼시앵은 다른 집에 양아들로 보냈습니다. 그리고 가브리엘, 쥘리아, 앙투아네트 등 세 딸을 마차에 태우고 오바진에 있는 수도원으로 갔습니다. 수도원에서는 고아원과 기숙학교를 운영하고 있었습니다.

"다 왔다. 수녀님 말씀 잘 듣고 잘 지내야 한다. 아빠가 돈 많이 벌면 너희들을 꼭 데리러 올게."

알베르 샤넬은 그렇게 세 딸을 고아원에 맡기고는 어디론가 떠나 버렸습니다.

그 뒤 가브리엘은 아버지를 다시는 만나지 못했습니다. 아버지는 고아원에 아이들을 버리고는 소식을 끊어 버렸기 때문입니다.

그날 세 자매는 수녀님이 이끄는 대로 식당에 갔습니다. 식당에서는 수녀님들이 저녁을 먹고 있었습니다.

"배고프지? 조금만 참아라."

세 자매는 음식을 기다리며 식당에 앉아 있었습니다.

그때 식사를 하던 한 수녀님이 가브리엘에게 삶은 달걀을 쥐어 주며 말했습니다.

"배고프면 이거라도 먹어라."

그러자 가브리엘은 식당이 떠나가라 고함을 질렀습니다.

"싫어! 싫단 말이야! 나는 달걀 따위는 안 먹어!"

가브리엘은 고집이 세고 반항적인 아이였습니다. 하루 일과가 종교 의식과 공부로 채워진 고아원 생활을 못 견뎌 했습니다. 걸 핏하면 규율을 어기고 말썽을 부렸습니다.

수도원의 기숙학교에는 가브리엘의 고모인 아드리엔이 있었습니다. 할아버지 할머니가 늦게 자식을 보아 아드리엔은 가브리엘과 동갑이었습니다.

가브리엘은 아드리엔과 아주 친했습니다. 늘 함께 다니며 즐겁게 지냈습니다.

열여덟 살이 되자 가브리엘은 아드리엔과 수도원에서 뛰쳐나와 물랭의 노트르담 기숙학교에 들어갔습니다. 그리고 그 뒤에는 물랭의 중심가에 있는 의상실에 점원으로 취직했습니다. 가브리엘과 아드리엔이 맡은 일은 손님들에게 옷을 팔거나 수선을 해 주는 것이었습니다.

가브리엘은 학교에 있을 때 재봉 기술을 배웠습니다. 그래서 의상실에서는 재봉사로서 뛰어난 솜씨를 보였습니다.

의상실에는 군인들도 드나들었습니다. 물랭에는 기병 부대가

있어 군복을 맞추거나 수선을 맡기러 오는 것입니다.

　가브리엘은 군인들과 친해져서 카페나 뮤직홀을 함께 들락거렸습니다.

　가브리엘은 얼굴도 예쁘지만 노래도 잘했습니다. 어느 날, 그는 '로통드'라는 뮤직홀 무대에서 노래를 부르게 되었습니다. 〈트로카데로에서 누가 코코를 보았는가〉라는 곡으로, 코코라는 여자의 이야기를 담고 있었습니다.

이 노래의 후렴은 "코코, 코코"였습니다. 가브리엘이 멋들어지게 노래를 부르자, 군인들은 감격하여 "코코, 코코" 하고 후렴을 따라 불렀습니다.

이때부터 가브리엘에게는 '코코'라는 애칭이 생겼습니다. 사람들이 가브리엘을 코코 샤넬이라고 부르기 시작한 것입니다.

"노래 솜씨가 굉장하군요. 우리 뮤직홀에서 밤마다 노래를 해 주지 않으시겠습니까?"

뮤직홀 주인은 코코 샤넬과 전속 계약을 맺었습니다. 그래서 코코 샤넬은 로통드에서 가수로 활동하게 되었습니다. 코코 샤넬은 점점 유명해져서 물랭에서는 모르는 사람이 없을 정도로 인기를 누렸습니다.

어느 날, 의상실 주인이 코코 샤넬에게 말했습니다.

"가브리엘, 요즘 밤마다 노래를 부른다며? 인기 가수라고 소문이 자자하던데? 우리 의상실 단골 손님들도 한 말씀 하시더라고. 귀부인을 상대하는 의상실 점원이 천한 가수 노릇을 해서 되겠니? 가브리엘, 우리 의상실에서 나가 줬으면 좋겠어."

의상실 주인은 로통드를 드나든다는 이유로 코코 샤넬과 아드리엔을 가게에서 내쫓았습니다.

코코 샤넬이 어울리는 군인들 가운데는 에티엔 발장이라는 장교가 있었습니다. 그는 부잣집 아들로서 훌륭한 별장이 있고, 말

사육장까지 갖고 있었습니다.

코코 샤넬은 에티엔 발장과 친해져서 함께 승마를 즐겼습니다.

당시에는 여성들이 승마용 바지를 입지 않았습니다. 여자용 승마복은 바닥에 질질 끌리는 긴 치마였습니다.

'치마를 입고 말을 타면 너무 불편해. 내가 입을 승마 바지를 만들어야겠다.'

코코 샤넬은 양복점을 찾아가서 말했습니다.

"승마용 바지를 만들어 주세요. 이 바지와 똑같은 스타일로요."

코코 샤넬은 남성용 바지를 가방에서 꺼내어 양복점 주인에게 보여 주었습니다. 그러자 양복점 주인이 말했습니다.

"승마용 바지가 필요하면 남편이 오셔야지요. 치수를 재어야 하니까요."

"남자가 아니라 제가 입을 바지인데요. 여성용 바지를 만들어 주세요."

양복점 주인은 어처구니없다는 듯 코코 샤넬의 얼굴을 보았습니다.

"양복쟁이 40년에 여자용 바지를 만들어 달라는 사람은 처음 보겠군요. 좋습니다. 손님이 원하시면 만들어 드려야지요."

양복점 주인은 코코 샤넬의 몸 치수를 재고 승마용 바지를 맞춰 주었습니다.

며칠 뒤 코코 샤넬은 승마용 바지를 입고 경마장으로 갔습니다. 사람들은 몸에 착 달라붙는 바지를 입은 날렵한 모습의 그를 보고 모두 감탄했습니다.

"여자가 승마용 바지를 입었네. 아주 잘 어울리는걸."

"말을 타기 편하겠어."

사람들의 눈길을 끈 것은 승마용 바지만이 아니었습니다. 코코 샤넬이 직접 만들어 쓴 모자는 독특하고 멋이 있었습니다.

그 당시 여성들은 온갖 것들을 장식한 화려한 모자를 즐겨 썼습니다. 꽃이나 새의 깃털을 달거나 과일까지 모자에 얹었습니다. 그러다 보니 모자가 무겁고 거추장스러웠습니다.

그에 비하면 코코 샤넬의 모자는 가볍고 단순했습니다. 온갖 장식품을 걷어내고 리본 하나만 모자에 두르고 있는 것입니다.

경마장에는 상류층의 귀부인들이 많이 있었습니다. 이들은 코코 샤넬의 모자를 보고 일제히 몰려와서 입을 모아 말했습니다.

"모자가 참 좋네요, 어디서 샀어요?"

"제가 직접 만들었어요."

"아유, 솜씨가 참 좋으시네. 우리에게도 이런 모자를 만들어 줄래요?"

귀부인들은 너도 나도 모자를 만들어 달라고 청했습니다. 코코 샤넬은 사양하지 않고 이들을 위해 모자를 만들어 주었습니다.

"제가 만든 모자가 아주 인기가 좋아요. 가게를 차려 모자를 만들어 팔면 큰돈을 벌겠어요."

어느 날, 코코 샤넬은 아서 카펠에게 이렇게 말했습니다. 아서 카펠은 에티엔 발장의 소개로 만난 남자로, 코코 샤넬과 사랑하는 사이였습니다. 그는 영국 출신의 돈 많은 사업가였습니다.

"좋은 생각이에요. 내가 사업 자금을 빌려 줄 테니 모자 가게를 열도록 해요."

1910년, 코코 샤넬은 아서 카펠의 도움을 받아 파리의 캉봉 거리 21번지에 모자 가게를 열었습니다. 모자 가게의 이름은 '샤넬 모드'였습니다.

코코 샤넬이 만든 모자는 여성들에게 큰 인기를 끌었습니다. 가게에 내놓으면 날개 돋친 듯 팔려 나갔습니다.

자신을 얻은 코코 샤넬은 휴양 도시인 도빌에 '메종 샤넬'이라는 의상실을 열었습니다. 여기서는 모자만이 아니라 자신이 직접 디자인한 옷을 만들어 팔았습니다.

그 옷은 몸을 꽉 조이는 코르셋 스타일의 옷이 아니었습니다. 서양 여성들은 전통적으로 코르셋 스타일의 옷을 입었는데, 코코 샤넬은 과감하게도 헐렁하고 자유로운 옷을 디자인했습니다. 이것을 '샤넬 스타일'이라고 하는데, 옷이 편안하고 좋아 여성들에게 선풍적인 인기를 끌었습니다.

코코 샤넬은 어떻게 하면 여성들이 입기 편하고 개성적인 옷을 만들 지, 밤낮을 가리지 않고 고민했습니다. 1920년에는 긴 치마를 잘라 무릎 아래까지 드러낸 치마를 만들어 세계를 놀라게 했습니다. 이런 치마는 처음이어서 논란이 많았지만, 곧 전 세계에 유행이 되었습니다. 치마를 입어 보니 생활하기에 훨씬 편했기 때문입니다.

또한 코코 샤넬은 치마에 주머니를 달았으며, 어깨에 메는 숄더백을 디자인해 인기를 모았습니다.

코코 샤넬은 의상 디자이너로서는 일인자가 되었습니다. 새로운 시대에 맞는 새로운 디자인으로 세계 패션업계에 혁명을 가져왔으며 '패션의 여왕'이라는 별명을 얻었습니다.

코코 샤넬은 의상 디자이너뿐 아니라 사업가로도 큰 성공을 거두었습니다.

코코 샤넬에게 부와 명성을 안겨 준 것은 1920년대부터 만들기 시작한 '샤넬 향수'였습니다. 이 향수는 오늘날까지 세계에서 가장 많이 팔리고 있으며 세계 여성들에게 아낌없는 사랑을 받고 있습니다.

코코 샤넬은 의류와 향수 사업의 성공에 힘입어 한때는 3천5백 명의 종업원을 거느린 큰 기업을 이끌어 나갈 수 있었습니다.

1939년 제2차 세계 대전이 일어나자 샤넬은 의상실 문을 닫았습니다. 향수 회사만 남겨 놓은 채 스위스 로잔에서 전원에 묻혀 살았습니다.

코코 샤넬이 다시 활동을 시작한 것은 1953년이었습니다. 그는 나이가 들어 71세의 노인이 되어 있었습니다.

코코 샤넬은 의상실 문을 열고 새로운 의상을 디자인했습니다. 그리하여 여러 차례 작품 발표회를 가졌으며, 그의 패션은 미국에서 폭발적인 인기를 얻었습니다.

코코 샤넬은 평생 혼자 살다가 1971년 1월 10일 89세로 생애를 마쳤습니다. 그러나 그는 죽기 1년 전까지 새로운 패션 작품을 발표하며 디자인 작업에 몰두했습니다.

코코 샤넬은 평생 일 속에 묻혀 살았습니다. 그는 불행에 빠진 한 친구를 이렇게 위로하기도 했습니다.

"몹시 마음 아플 때, 이제는 그 무엇도 그 누구도 없다고 생각될 때 당신에게는 문을 두드릴 수 있는 친구가 있어요. 그것은 바로 일이에요. 이 사실을 결코 잊지 말아요."